DR. OETKER

BROT
BACKEN

© **Copyright**   1987 by Ceres-Verlag Rudolf-August Oetker KG, Bielefeld

Redaktion   Margit Schulte Döinghaus

Fotos Kapitel-
Doppelseiten   Christiane Pries, Borgholzhausen

Innen-Fotos   Christiane Pries, Borgholzhausen
Thomas Diercks, Hamburg
Herbert Maas, Hamburg
Studio Büttner, Bielefeld

Rezeptentwicklung
und -text   Annette Elges, Bielefeld

Satz   Junfermann Druck & Service

Reproduktionen   Pörtner & Saletzki, Bielefeld

Herstellung   Druckhaus Kaufmann, Lahr

ISBN 3-7670-0293-0

DR. OETKER

BROT
BACKEN

Ceres-Verlag
Rudolf-August Oetker KG
Bielefeld

Vorwort

Was gibt es Schöneres, als ein Brot,
das herrlich duftend aus dem Backofen kommt?
Ob süß oder herzhaft, gefüllt oder vollwertig —
die schönsten Brot-Ideen in diesem Buch
warten darauf, von Ihnen entdeckt zu werden.

Ein bißchen zur Geschichte

Nach wie vor stellt das Brot einen wesentlichen Bestandteil unserer Ernährung dar. Und wie viele Dinge hat auch das Brot eine Vergangenheit, die viele Jahrtausende zurückreicht.

Das erste Brot war ein Getreidebrei, der in Fladenform getrocknet wurde. Dazu wurde das Getreide in mörserartigen Geräten zerrieben und mit Wasser zu einem Brei angerührt. Dieser Getreidebrei wurde auf heiße Steine gegeben und so getrocknet. Solch ein Brot mußte allerdings noch am gleichen Tag verzehrt werden, wenn es noch eßbar sein sollte, denn wegen der geringen Flüssigkeit war es am nächsten Tag steinhart.

Vor 6000 Jahren kannte man bereits die Getreidearten Weizen, Gerste und Hirse als Kulturformen. Schon zu dieser Zeit wurde im Orient, China, Indien und Ägypten ein regelrechter Getreide-Ackerbau betrieben.

Dokumente aus dieser Zeit belegen, daß schon mehrere Arten von Brot bekannt waren.

Es waren über 30 verschiedene Brotsorten bekannt. Doch gab es strenge Sitten. Das beste und feinste Brot erhielten nur die Pharaonen und andere Hoheiten. Die Soldaten und das Volk mußten mit geringerer Qualität vorliebnehmen.

Im Mittelalter schließlich entwickelte sich eine sagenhafte Fertigkeit im Brotbacken. Fast scheint es, als hätten die Bäcker eine wahre Freude gehabt, neue Brotsorten zu „erfinden".

Immer stärker wurde auch der gesundheitliche Aspekt berücksichtigt, und mehr und mehr wurde experimentiert und ausprobiert.

Betrachtet man die heutige Zeit, so muß man feststellen, daß sich einiges verändert hat. Aus den heißen Steinen wurden Backstuben, aus dem Getreidebrei der Brotteig.

Inzwischen gibt es bei uns über 200 verschiedene Brotsorten — eine enorme Vielzahl, die wohl einmalig auf der Welt ist.

Weißbrot - Privileg der Reichen

Die Verzehrgewohnheiten haben sich jedoch seit der Jahrhundertwende von den Vollkornmehlen weg zu den Auszugsmehlen hin geändert.

Ein Grund neben den guten Backeigenschaften von Auszugsmehlen war, daß

weißes Brot ein Privileg der Reichen war. Dies wurde von vielen angestrebt.

Zum andern entstanden durch die Ballungsräume Großmühlen. Der Transport des Mehles wurde länger, es mußte lagerfähig sein.

Deshalb wurden verderbliche Bestandteile wie Keimling und Aleuronschicht und damit auch die Fruchtschale entfernt. Dies hatte einen erheblichen Verlust an essentiellen Fett- und Aminosäuren, Vitaminen, Mineralstoffen und Ballaststoffen zur Folge.

Um den Mangel an Ballaststoffen, der unter anderem zur Verstopfung führt, auszugleichen, nehmen viele Menschen Kleie zu sich. Welcher Widerspruch, wenn man bedenkt, daß die Kleie, die aus der Fruchtschale gewonnen wird, vorher vom Korn entfernt wurde.

Für die Vollwert-Ernährung zum Beispiel werden Produkte aus dem vollen Getreide wie Vollkornbrot und Speisen aus erhitzten Getreidekörnern wie Weizen, Roggen, Gerste, Grünkern, Naturreis, Mais und Hirse empfohlen.

Getreide aufs Korn genommen

Getreide wie Roggen, Weizen, Gerste, Reis, Hirse und Mais sind seit Jahrtausenden die wichtigste Nahrungsgrundlage der Menschen. Getreide enthält außer seinem hohen Anteil an Kohlenhydraten wertvolles Protein, ungesättigte Fettsäuren, Mineralstoffe, die Vitamine B 1, B 2, B 6, Folsäure, ß-Carotin und einen erheblichen Anteil an Ballaststoffen. Ein Getreidekorn besteht aus:

Mehlkörper, die vorwiegend stärkehaltig sind und hochwertiges Eiweiß enthalten.

Keimling, der sich seitlich am Mehlkörper befindet. Er ist reich an Eiweiß, Fett, Vitaminen und Mineralstoffen.

Aleuronschicht: Sie umgibt Mehlkörper und Keimling. Die Aleuronschicht enthält Reserveeiweiß, Öltröpfchen, Vitamine und Mineralstoffe.

Fruchtschale: umhüllt die Aleuronschicht und bietet dem Getreidekorn Schutz gegen äußere Einflüsse. Die Fruchtschale besteht vor allem aus dem Ballaststoff Zellulose.

Getreidearten:

Hafer gehört zu den Spelzgetreiden und muß enthülst werden. Er ist sehr wertvoll, u.a. reich an Vitaminen, Mineralstoffen, hochwertigem Eiweiß und hat einen relativ hohen Anteil an hochwertigen Fettsäuren.

Im Uhrzeigersinn: Geschälter Langkornreis, daneben ungeschälter Langkornreis, Roggen, Hafer, Weizen, geschälter Rundkornreis, ungeschälter Rundkornreis, Hirse, Gerste, Grünkern, Dinkel, Buchweizen, Couscous, in der Mitte Maisgrieß.

Roggen hat innerhalb der Getreidearten die dunkelste Farbe. Der Roggen ist die zweitwichtigste Getreideart und wird überwiegend zur Brotherstellung eingesetzt. Er ist reich an B-Vitaminen und Mineralstoffen.

Gerste ist neben dem Weizen die älteste Getreideart. Ihr Mehlkörper ist besonders reich an Mineralstoffen (Kalium Kalzium, Phosphor und Kieselsäure.)

Weizen ist das wichtigste und am meisten verwendete Getreide. Weizenmehl, das nur aus dem Mehlkörper hergestellt wurde und bei dem die wertvollen Außenschichten und der Keim entfernt wurden, hat einen großen Teil der wertvollen Stoffe des Kornes verloren (Mehl Type 405). Wesentlich wertvoller ist Mehl aus dem ganzen Korn (ohne Spelzen) Vollkornmehl.

Hirse ist eine sehr wertvolle, kleinkörnige Getreidesorte. Braucht viel Wärme und sandigen Boden. Enthält viele Mineralstoffe, z. B. Magnesium, Eisen, Fluor, Kieselsäure.

Mais, Kukuruz oder türkischer Weizen. Neben Reis und Weizen das wichtigste Getreide. Mais enthält weniger Eiweiß als die anderen Getreidesorten.

Reis ist eines der ältesten Nahrungsmittel, das wir kennen und eines der wichtigsten. Es gibt unzählige Reissorten. Auch die Qualitäten sind unterschiedlich. Naturreis, brauner Reis ist dem geschliffenen geschälten Weißreis vorzuziehen. Durch das Entfernen des „Silberhäutchens"verliert der Weißreis den größten Teil seiner lebenswichtigen Inhaltsstoffe. Einen relativ hohen Vitamingehalt hat noch der Parboiled Reis. Die Inhaltsstoffe der Silberhaut werden durch ein Spezialverfahren ins Korninnere verlagert.

Buchweizen ist ein Knöterichgewächs. Die Körner haben eine dreieckige Form. Der Buchweizen ist fast in Vergessenheit geraten die Vollwertküche hat ihn wiederentdeckt. Buchweizen ist leicht verdaulich, liefert viele für den menschlichen Organismus wichtige Mineralien, Vitamine und vor allem Lezithin.

Dinkel und Grünkern: Eng verwandt mit dem Weizen ist der Dinkel. Weil er besonders viel Klebereiweiß enthält, wird er auch gerne zur Brotherstellung eingesetzt. Halbreife Körner des Dinkels ist Grünkern. Er ist reich an Vitaminen und Mineralstoffen. Beim Darren (trocknen) erhält er seinen typischen pikanten Geschmack. In Deutschland wird Grünkern fast ausschließlich in Franken und Baden Württemberg angebaut.

Mehltypen

Bei der Herstellung von Mehl werden je nach Mehlsorte das ganze Korn oder nur ein Teil des Korns vermahlen. Je nach Ausmahlungsgrad werden Mehle in Typen unterteilt.

Die Mehltype gibt den Mineralstoffgehalt in mg pro 100 g Mehltrockensubstanz an. Je höher ein Mehl ausgemahlen ist, beispielsweise Type 1700, umso mehr mineralstoffhaltige Randschichten und umso mehr Vitamine und Ballaststoffe enthält es. Demgegenüber stehen die niedrig ausgemahlenen Auszugsmehle mit niedriger Type wie Weizenmehl Type 405.

Type 405:

feines weißes Kuchenmehl, zum Kochen und Backen gleichermaßen geeignet. Der Vitamin-, Mineralstoff und Ballastgehalt ist wie bei allen Mehlen der Type 405 niedrig. Die Mehle bestehen in erster Linie aus Stärke und Klebereiweiß. Klebereiweiß besitzt zwar ausgezeichnete Backeigenschaften, sein Gehalt an essentiellen Aminosäuren ist jedoch gering. Es ist daher ernährungsphysiologisch weniger wertvoll.

Doppelgriffiges Mehl

Eine Spezialsorte, die in der Körnung etwas gröber als Haushaltsmehl ist, jedoch genauso weiß. Es wird hauptsächlich zum Backen von Hefeteig empfohlen, denn es nimmt Flüssigkeit nur langsam auf und der Teig quillt gut aus. Weil doppelgriffiges Mehl ein anderes Volumen als Haushaltsmehl hat, sollte es nicht im Meßbecher abgemessen, sondern abgewogen werden.

Type 550:

Im Gegensatz zum gängigen Haushaltsmehl der Type 405, ist Weizenmehl der Type 550 längst nicht in allen Lebensmittelläden zu erwerben.

Optisch unterscheidet sich diese Mehlsorte nicht vom handelsüblichen Haushaltsmehl, obschon für diese Mehlsorte etwas mehr vom Korn vermahlen wird.

Type 1050:

Im Vitamin und Mineralstoffgehalt liegt dieses Mehl etwa in der Mitte zwischen Vollkorn und Weißmehl. Das dunklere Mehl ist mittelstark ausgemahlen und kräftig im Geschmack. In fast jedem Rezept kann man es zur Hälfte gegen die Type 405 austauschen, ohne die Backergebnisse gravierend zu verändern.

Type 1700

Dunkel, stark ausgemahlen und kräftig im Geschmack ist das Weizenmehl der Type 1700. An der hohen Typenzahl erkennt man schon den großen Anteil an wertvollen Randschichten des Korns. Es ist eigentlich kein Mehl, sondern ein recht grobkörniges Schrot, also zum Kuchenbacken nicht geeignet. Im Vitamin- und Mineralstoffgehalt kommt die Type 1700 dem Vollkornmehl schon recht nahe.

Roggenmehl

Im Gegensatz zu Weizenmehl besitzt Roggenmehl keinen auswaschbaren Kleber. Seine Backfähigkeit ist deshalb eingeschränkt. Roggenmehl darf wie Weizenmehl nur in bestimmten Mehltypen in den Handel kommen.

Vollkornmehl

Vollkornmehl ist die einzige Mehlsorte, die keine Typenzahl ausweisen muß, denn in diesem Mehl sind sämtliche Bestandteile des Korns und damit alle gesunden Vitamine, Mineralien und Ballaststoffe enthalten. Vollkornmehle, die fein vermahlen sind, eignen sich für fast alle Teige. Allerdings wird das Backwerk weniger locker und braucht mehr Flüssigkeit.

Die Lagerung

Getreide sollte trocken und am besten bei 18 bis 20 Grad gelagert werden. Feuchtes Getreide ist ein guter Nährboden für Schimmelpilze und Schadinsekten. Zudem muß Getreide zum Mahlen so trocken sein, daß es bei Druck mit einem Löffelstiel auf einer harten Unterlage zerbricht. Bei feuchtem Getreide läuft man Gefahr, daß es das Mahlwerk verklebt. Damit die Sauerstoffzufuhr gewährleistet ist, muß Getreide luftig aufbewahrt werden. Also das Getreide nicht in Plastiktüren verstauen. In Holzkisten, Jute und Leinensäcken, Kartons und offenen Holzkisten hält es allerdings gut 2 Jahre. Das gelagerte Getreide zwischendurch regelmäßig kontrollieren.

Weizenmehle mit niedriger Typenzahl sind mehrere Jahre haltbar, wenn sie kühl und trocken gelagert werden. Demgegenüber ist die Haltbarkeit von Vollkornmehlen nur begrenzt. Grund ist der hohe Fettgehalt. Auch Mehl sollte nicht luftdicht verschlossen werden und etwa in Plastiktüten oder fest schließenden Dosen aufbewahrt werden. Am besten sind Papiertüten oder Porzellangefäße, die locker verschlossen werden.

Getreidemühlen

Wer einmal frisch gemahlenes Getreide gerochen hat, wird den Duft nicht so schnell vergessen. Auch der gesundheitliche Wert ist bei frischem Mehl und Schrot am größten, da die Vitamine im Laufe der Zeit abnehmen. Für den, der gern Brot backt oder täglich sein Müsli verzehrt und den Wert des vollen Korns haben möchte, lohnt sich die Anschaffung einer Getreidemühle.

Die einzelnen Mühlen unterscheiden sich durch Art und Material ihrer Mahlwerke. Es gibt Handmühlen und elektrisch betriebene Mühlen. Folgende Mahlwerke werden unterschieden:

Scheibenmahlwerke: Zwei horizontal oder vertikal angebrachte Scheiben vermahlen das Korn durch Druck und Reibung.

Kegelmahlwerke: Zwei ineinander gesetzte Kegel vermahlen das Korn durch Druck und Schneidewirkung. Kegelmahlwerke belasten den Motor allgemein weniger als Scheibenmahlwerke. Mahlwerke bestehen aus Stein, Stahl oder Keramik: Mahlwerke aus Stein sind in der Regel Scheibenmahlwerke. Sie ergeben ein flockiges Mehl mit hohem Mehlanteil.

Steinmahlwerke eignen sich nur für Getreide. Ölsaaten können die Mahlwerke verkleben. Das gleiche gilt für feuchtes Getreide.

Mahlwerke aus Stahl: werden in Kegel oder Scheibenform angeboten. Der Feinschrot ist nicht ganz so flockig, besitzt aber genügend Mehlanteil zum backen.

Stahlmahlwerke eignen sich für Ölsaaten und Getreide. Sie sind allgemein unproblematischer: Die Erwärmung beim Mahlen ist geringer, sie verkleben nicht so schnell durch feuchtes Korn und Steinchen können ihnen kaum etwas anhaben.

Mahlwerke aus Keramik entsprechen vom Bau den Kegelmahlwerken und von den Eigenschaften Steinmahlwerken. Ob man sich für eine Handmühle oder eine elektrische Getreidemühle entscheidet, ist Ansichtssache und eine Frage der Energie - nicht zuletzt der eigenen.

Getreide-Handmühlen: Sie sind zur Herstellung von geringen Mengen Schrot und für das tägliche Müsli geeignet. Bei größeren Mengen kann der „Müller" allerdings ganz schön ins Schwitzen kommen.

Elektrische Mahlvorsätze können auf einige Küchenmaschinen montiert werden. Es muß geprüft werden, ob die Küchenmaschine einen längeren Einsatz der Getreidemühle verkraftet.

Elektrische Getreidemühlen sind ohne Zweifel am bequemsten und während sie mahlt kann man sich anderen Dingen widmen. Beim Kauf sollten Sie neben den Mahlwerken auch auf eine praktische Handhabung, gute Reinigungsmöglichkeit, Belastbarkeit, Gewicht und die Feineinstellung achten.

Teiglockerungsmittel

Wie gut das Brot ist, wenn es aus dem Backofen kommt, entscheidet sich bereits bei der Bearbeitung des Teiges. Je lockerer der Teig, umso besser das Backergebnis. Locker wird der Teig zum einen durch Rühren, Schlagen oder Kneten. Zum anderen durch natürliche (Hefe, Sauerteig, Sekowa-Backferment) oder chemische Triebmittel (Backpulver, Hirschhornsalz, Pottasche). Alle Triebmittel entwickeln bei der Teigherstellung Kohlendioxid, das durch Bildung feiner Poren den Teig lockert.

Sauerteig: Die älteste Form der Teiglockerung ist die **Sauerteiggärung** und für die Herstellung von dunklen und kleberreichen Broten (zum Beispiel Roggenbrot) geeignet. Die Teiglockerung wird hervorgerufen durch alkoholische Gärung, die Kohlenhydrate des Getreidemehles in Alkohol und gasförmiges Kohlendioxid verwandelt. (Der Alkohol verflüchtigt sich beim Backen). Zum anderen durch Milchsäuregärung, bei der Kohlenhydrate des Mehles in Milchsäure umgewandelt werden. Letzteres verleiht dem Brot den erwünschten feinsäuerlichen Geschmack. Sauerteig gibt es fertig als Extrakt oder angesetzt beim Bäcker. Er kann auch in drei Stufen selbst hergestellt werden. Dazu wird benötigt: 400 g Roggenmehl 400 ml Wasser.

1. Stufe (Ansatz):

100 g Roggenmehl
100 ml lauwarmes Wasser
Das Mehl mit gut handwarmem Wasser (etwa 40 Grad) in einer Schüssel verrühren, mit einem Tuch bedecken, in eine Plastiktüte stecken. An einem warmen Ort mit etwa 20 Grad etwa 24 Stunden gehen lassen.

2. Stufe

100 g Roggenmehl
100 ml lauwarmes Wasser
Die beiden Zutaten mit dem Sauerteigansatz verrühren, nochmals 24 Stunden zugedeckt an einem warmen Ort gehen lassen.

3. Stufe

200 g Roggenmehl
200 ml lauwarmes Wasser
Mehl und Wasser gut verrühren, unter den Sauerteigansatz geben, gut mischen, nochmals zugedeckt 24 Stunden gehen lassen. Den restlichen Sauerteig entweder einfrieren oder mit soviel Mehl verkneten, daß ein krümeliger Teig entsteht. Dieser „Krümelsauer" ist im Kühlschrank etwa 1 Monat haltbar. Für die Weiterverwendung wird er dann wieder mit Wasser verrührt, bis er die gleiche Konsistenz des ursprünglichen Sauerteiges erreicht hat.

Hefeteig: Im Handel ist Frisch-Hefe und Trockenhefe erhältlich. Trockenhefe ist in einem Spezialverfahren haltbar gemacht und hat außerdem den zeitsparenden Vorteil, daß sie nicht angerührt oder im „Vorteig" angesetzt werden muß.

Hefeteig wird durch Einwirken von Hefepilzen gelockert. Wärme und gutes Kneten spielen bei diesem Prozeß eine wichtige Rolle.

Das Kneten des Hefeteiges bewirkt unter Einschlagen von Luft eine besonders wirkungsvolle Verbindung aller Zutaten untereinander. Die Hefe wandelt dabei Zucker und Mehl (Stärke), also Kohlenhydrate in Kohlensäure und Alkohol um und verursacht dadurch die gewünschte Teiglockerung.

Ihre volle Treibkraft entfaltet die Hefe nur in Gegenwart von Wärme — vor allem die Flüssigkeit (Milch oder Wasser) sollte richtig temperiert sein. Zu heiße Flüssigkeit würde die Hefebakterien abtöten. Milch und Wasser sollten handwarm sein und etwa 37 Grad betragen, die übrigen Zutaten möglichst Raumtemperatur. Um die Wärme gleichmäßig über den Teig zu verteilen, empfiehlt es sich die Flüssigkeit während des Rührens nach und nach hinzuzugeben.

Das Backen mit Hefe erfordert eine gewisse Erfahrung. Denn der richtige Zeitpunkt der Teiggare muß abgepaßt werden, um beim anschließenden Backen ein gutes Ergebnis zu erzielen. Zum Beschleunigen der Gärung empfiehlt es sich, den Teig an einen Ort zu stellen, der vor Zugluft geschützt ist (z. B. Gas- oder Elektroherd):

Gas: Auf 8 drei Minuten vorheizen. Flamme ausdrehen, Schüssel mit Teig so lange hineinstellen, bis er sich sichtbar vergrößert hat.

Strom: einschalten, Schüssel mit Teig so lange hineinstellen, bis er sich sichtbar vergrößert hat.

Backhitzen

Die in den Rezepten angegebenen Backzeiten können immer nur Durchschnittswerte sein, denn in jedem Herde sind die Bedingungen etwas anders. Daher empfiehlt es sich, gegen Ende der Backzeit öfter nach der Backware zu sehen.

Elektroherd: Grundsätzlich muß der Elektroherd erst auf die gewünschte Backtemperatur gebracht werden, bevor man den Teig mit der Brotbackform einschiebt. Sobald man den Regler eingeschaltet hat, leuchtet eine Kontrolllampe auf, die erst erlischt, wenn die gewünschte Temperatur erreicht ist.

Gasbacköfen: Bei Gasherden sorgt der Temperaturregler für den Gasdurchgang, der erforderlich ist, um die eingestellte Temperatur zu halten. Da Gasbacköfen sehr schnell aufgeheizt werden, kann auf ein Vorheizen verzichtet werden. Die Rezepte in diesem Buch sind — wenn nicht anders angegeben — auf ein Vorheizen des Backofens ausgerichtet.

Heißluftherde: Ein Vorheizen ist überflüssig. In ihnen strömt die heiße Luft von allen Seiten um das Backgut. Deshalb kann man im Umluftherd mit etwas niedrigeren Temperaturen (etwa 10 Grad weniger) auskommen. Gerade bei diesen Herden ist es wichtig, die Hinweise des jeweiligen Herstellers genau zu beachten.

Tips rund ums Brot

● Den Teig lieber etwas länger als zu kurz kneten: Von Hand mindestens 20 Minuten, mit dem Handrührgerät etwa 5 Minuten, hinzu kommt noch das Nachkneten mit der Hand. Das gute Durchkneten des Teiges ist auch wichtig für eine feine Pore. Und: Je länger Sie kneten, umso lockerer wird das Brot.

● Damit der Teig später gut quellen kann, sollte er zu einer elastischen, geschmeidigen Masse verknetet werden. Ihn eher zu einer weichen und flüssigen Masse als zu einem festen Teig verarbeiten. Eventuell vor dem Formen noch etwas Mehl hinzufügen.

● Wenn der Brotteig gut gegangen ist, sollte er sofort in den vorgeheizten Backofen geschoben werden. Wenn der geformte Brotteig zu spät in den Backofen kommt, kann er die Form verlieren, fällt zusammen und wird klitschig. Deshalb den Backofen immer rechtzeitig vorheizen.

● Wichtig ist, während des Backvorganges eine Schale mit Wasser in den Backofen zu stellen. Das verhindert ein Austrocknen des Teiges und begünstigt ein gleichmäßiges Garen.

● Kleine Krustenkunde: Kross wird die Kruste, wenn Sie das Brot kurz vor Beendigung der Backzeit mit etwas Wasser bestreichen, bestrichen mit Milch wird sie mattglänzend. Ein goldbraunes Äußeres erzielen Sie, wenn Sie die Backware mit Eigelb bestreichen, mit Salz verrührtes Eigelb führt zu einer stark glänzenden Kruste. Das Bestreichen mit Eigelb ist allerdings nur empfehlenswert für Gebäcke mit kürzerer Backzeit, weil die Oberfläche sonst zu stark bräunt. Wenn die Kruste vorzeitig dunkel wird, sie mit Alufolie abdecken.

- So machen Sie die Garprobe: Das Brot an der Unter- und Oberseite mit der Hand abklopfen. Wenn es hohl klingt, ist das Brot gar. Andernfalls muß es noch einmal in den Backofen.

So bleiben Brot und Brötchen länger frisch

Entscheidend für die Frische eines Brotes sind die verwendeten Mehle und Backzutaten.

Im allgemeinen eignen sich dunkle Brote, zum Beispiel Roggenbrot besser zur Lagerung als helle Brote (Weizenbrot). Bei letzterem wiederum erhöht ein Zusatz von Fett die Haltbarkeit. Damit die selbstgebackenen Brote möglichst lange frisch und lecker bleiben, ein paar Frischetips:

- Zur Aufbewahrung eignen sich am besten Behälter, die luftdurchlässig sind: Brotfächer, Brotkästen oder ein Steinguttopf, in dem das Brot mit der Aufschnittfläche nach unten gelegt wird.

- Brötchen lagern am besten an der Luft oder in sehr durchlässigen Tüten oder Netzen, da die „Rösche-", ein Qualitätsmerkmal für die Krustenbeschaffenheit mit dem Feuchtigkeitsaustausch zwischen dem Brötcheninneren und der Außenluft zusammenhängt.

- Um dem ärgsten Widersacher der Brote, dem Schimmelbefall vorzubeugen, muß auf Sauberkeit geachtet werden: Alte Reste und Krümel begünstigen im Zusammenwirken mit Feuchtigkeit die Schimmelbildung.

Daher sollte der Brotbehälter alle ein bis zwei Wochen mit einer Essiglösung (1 Teil Essig, 9 Teile Wasser) gereinigt und anschließend sorgfältig trockengerieben werden.

- Brot gehört nicht in den Kühlschrank. Denn bei den Temperaturen zwischen 3 bis 5 Grad verdunstet die Brotfeuchtigkeit viel leichter als bei normaler Zimmertemperatur (18 bis 20 Grad). Die Folge: Brot und Brötchen werden schneller altbacken. In der Gefriertruhe hingegen oder im Tiefgefrierfach des Kühlschrankes kann verpacktes Brot einige Wochen lang lagern. Hierbei ist es wichtig, möglichst ofenfrische Ware schnell auf unter 18 Minusgrade abzukühlen. Das sogenannte „Schockgefrieren" bewirkt, daß die Konsistenz der Backware weitgehend erhalten bleibt.

Zu den Rezepten:

Im Rezeptteil wurden die Ausmahlungsgrade von Weizen- und Roggenschrot — fein, mittelfein, grob — berücksichtigt. Wer keine Getreidemühle besitzt, kann das Korn auch in Bioläden oder Reformhäusern nach Wunsch ausmahlen lassen.

Die Wasserangaben — gerade bei selbstgemahlenen und geschroteten Mehlen können immer nur ungefähr sein. Der Feuchtigkeitsbedarf variiert je nach Mehlsorte und -beschaffenheit. Grundsätzlich braucht grobes Mehl mehr Feuchtigkeit als feines Mehl. Etwas Fingerspitzengefühl und eigene Erfahrung sind deshalb erforderlich, um die richtige Beschaffenheit des Teiges einzuschätzen.

Deftige Brote
aus Sauer- und Hefeteig

Zitronen-Apfel-Brot

(Foto S. 16/17)

500 g Weizenmehl (Type 405)	in eine Rührschüssel sieben, mit
1 Päckchen Trocken-Backhefe	sorgfältig vermischen
3 Teel. Zucker	
1½ Teel. Salz	
abgeriebene Zitronenschale (unbehandelt)	
1 Becher (150 g) Crème fraîche	
50 g zerlassene, abgekühlte Butter	
⅛ l lauwarme Milch	hinzufügen (Foto 1) die Zutaten mit einem Handrührgerät mit Knethaken zunächst auf niedrigster, dann auf höchster Stufe in etwa 5 Minuten zu einem glatten Teig verarbeiten, an einem warmen Ort so lange gehen lassen, bis er sich sichtbar vergrößert hat
1 mittelgroßen Apfel	schälen, vierteln, entkernen, grob raspeln
2 Eßl. feingeschnittene Zitronenmelisse	
	beide Zutaten auf mittlerer Stufe unter den gegangenen Teig kneten (Foto 2), aus der Schüssel nehmen, gut durchkneten aus dem Teig 4 gleich große Kugeln formen (Foto 3),

in eine Springform (Durchmesser 26 cm, Boden gefettet) legen
den Teig nochmals so lange an einem warmen Ort gehen lassen, bis er sich sichtbar vergrößert hat
den Teig mit Wasser bestreichen, mit

Sesam-Samen bestreuen, in den Backofen schieben
Strom: Etwa 200 (vorgeheizt), Gas: 3—4 (nicht vorgeheizt)
Backzeit: 40—50 Minuten.

Leinsamenbrot

100 g Leinsamen in
100 ml heißem Wasser etwa 30 Minuten quellen lassen
250 g Roggen-Backschrot (Type 1800)
250 g Weizenmehl (Type 550) in eine Rührschüssel geben, mit
1 Päckchen Trocken-Backhefe sorgfältig vermischen
gut 1 Teel. Zucker
gut 1 Teel. Salz
3 Eßl. Speiseöl
250 ml (¼ l) lauwarme Buttermilch hinzufügen
die Zutaten mit einem elektrischen Handrührgerät mit Knethaken zunächst auf der niedrigsten, dann auf der höchsten Stufe in etwa 5 Minuten zu einem glatten Teig verarbeiten, gegen Ende der Knetzeit den Leinsamen unterkneten
den Teig an einem warmen Ort so lange gehen lassen, bis er sich sichtbar vergrößert hat, aus der Schüssel nehmen, gut durchkneten
aus dem Teig ein ovales Brot formen, auf ein gefettetes Backblech legen, nochmals an einem warmen Ort gehen lassen
die obere Seite des Teiges mehrere Male etwa 1 cm tief einschneiden
den Teig nochmals so lange an einem warmen Ort gehen lassen, bis er sich sichtbar vergrößert hat, mit Wasser bestreichen, in den vorgeheizten Backofen schieben, den Teig während des Backens ab und zu mit Wasser bestreichen

Strom: Etwa 200, Gas: etwa 3—4
Backzeit: Etwa 1 Stunde.

Speckbrot

(Foto)

150 g durchwachsenen Speck	in Würfel schneiden, auslassen, kühl stellen Teig aus
1 Beutel (500 g) aus 1 Packung Backmischung Weizen-Mischbrot 1 Päckchen Trocken-Backhefe 300 ml + 2 Eßl. lauwarmem Wasser	nach Vorschrift auf der Packung zubereiten, gehen lassen den Teig mit
Weizenmehl	bestäuben, aus der Schüssel nehmen, gut durchkneten dabei den abgekühlten Speck,
100 g Röst-Zwiebeln (fertig gekauft)	unterkneten den Teig zu einem länglichen Brot formen auf ein gefettetes Backblech legen die obere Seite des Teiges mehrere Male 1 cm tief einschneiden (nicht drücken) den Teig nochmals so lange an einem warmen Ort gehen lassen, bis er sich sichtbar vergrößert hat, den Teig mit
Wasser	bestreichen in den Backofen schieben

Strom:	Etwa 200 (vorgeheizt)
Gas:	5 Minuten vorheizen 3—4, backen 3—4
Backzeit:	40—50 Minuten.

Weizenkeimbrot

400 g Weizen	fein mahlen
100 g Weizenkeime	mit
1 Päckchen Trocken-Backhefe	hinzufügen, sorgfältig vermischen
1 Teel. Salz	
5 Eßl. Speiseöl	
300 ml lauwarmes Wasser	hinzufügen

	alle Zutaten in der Küchenmaschine oder mit einem elektrischen Handrührgerät mit Knethaken zuerst auf der niedrigsten, dann auf der höchsten Stufe in etwa 5 Minuten zu einem glatten Teig verarbeiten
	den Teig an einem warmen Ort so lange gehen lassen, bis er etwa doppelt so hoch ist, ihn dann auf der Tischplatte nochmals gut durchkneten, zu einer Rolle formen, in eine gefettete Kastenform (30 x 11 cm) geben, etwas andrücken, abgedeckt an einem warmen Ort nochmals etwa 30 Minuten gehen lassen
Wasser	die Teigoberfläche längs einschneiden, mit bestreichen
	die Form auf dem Rost in den vorgeheizten Backofen schieben

Strom:	Etwa 200
Gas:	Etwa 3—4
Backzeit:	Etwa 55 Minuten.

Sojabrot

250 g Weizen	
125 g Roggen	mit
1 Teel. Koriander	mittelfein mahlen, mit
125 g Sojamehl	
1 Päckchen Trocken-Backhefe	
1 Päckchen Sauerteig-Extrakt	sorgfältig vermischen
1 Teel. Salz	
2 Eßl. Speiseöl	
375 g (3/8 l) lauwarmes Wasser	hinzufügen

alle Zutaten mit der Küchenmaschine oder mit einem elektrischen Handrührgerät mit Knethaken zuerst auf der niedrigsten, dann auf der höchsten Stufe in etwa 5 Minuten zu einem glatten Teig verarbeiten

den Teig an einem warmen Ort so lange gehen lassen, bis er etwa doppelt so hoch ist

ihn dann auf der Tischplatte nochmals gut durchkneten, zu einem runden Brotlaib formen

den Brotlaib auf ein gefettetes Backblech legen, abgedeckt an einem warmen Ort nochmals so lange gehen lassen, bis er etwa doppelt so hoch ist

den Brotlaib mit

Wasser	bestreichen, mit
gerösteten Sojaflocken	bestreuen
	das Backblech in den vorgeheizten Backofen schieben

Strom:	Etwa 200
Gas:	3—4
Backzeit:	Etwa 50 Minuten.

Roggen- und Weizenmischbrot

600 g Weizenmehl	
(Type 1050)	mit
600 g Roggenmehl	in eine Schüssel sieben, mit
2 Päckchen	
Trocken-Backhefe	
2 Päckchen	
Sauerteig-Extrakt	sorgfältig vermischen
1 Eßl. Salz	
1 Teel. gemahlenen	
Koriander	
1/2—1 Teel.	
gemahlenen Kümmel	
800 ml lauwarmes	
Wasser	hinzufügen

alle Zutaten in der Küchenmaschine zuerst auf der niedrigsten, dann auf der höchsten Stufe in etwa 5 Minuten zu einem glatten Teig verarbeiten
den Teig an einem warmen Ort so lange gehen lassen, bis er etwa doppelt so hoch ist, ihn dann auf der Tischplatte nochmals gut durchkneten, zu einer Rolle formen, in eine gefettete Kastenform (15 x 35 cm) legen, etwas andrücken, abgedeckt an einem warmen Ort nochmals so lange gehen lassen, bis er etwa doppelt so hoch ist, die Teigoberfläche dreimal schräg einschneiden, mit Wasser bestreichen
die Form auf dem Rost in den vorgeheizten Backofen schieben

Strom:	200—225
Gas:	3—4
Backzeit:	Etwa 65 Minuten
	das Brot nach etwa 45 Minuten Backzeit aus der Form nehmen, auf den Backofenrost stellen, mit Wasser bestreichen, zuende backen.

Roggenbrot mit Kürbiskernen

(Foto)

750 g Roggen	fein mahlen, mit
2 Päckchen Trocken-Backhefe	
2 Päckchen Sauerteig-Extrakt	sorgfältig vermischen
1 gestrichenen Eßl. Meersalz	
1 gestrichenen Eßl. gemahlenen Kümmel	
2 Teel. Honig	
gut 500 ml (½ l) lauwarmes Wasser	hinzufügen

alle Zutaten in der Küchenmaschine zuerst auf der niedrigsten, dann auf der höchsten Stufe in etwa 5 Minuten zu einem glatten Teig verarbeiten zuletzt

150 g geschälte Kürbiskerne unterkneten

den Teig an einem warmen Ort so lange gehen lassen, bis er etwa doppelt so hoch ist, ihn dann auf der Tischplatte nochmals gut durchkneten, zu einem länglichen, ovalen Brotlaib formen, den Brotlaib auf ein gefettetes Backblech legen, abgedeckt an einem warmen Ort so lange gehen lassen, bis er etwa doppelt so hoch ist
mit Wasser bestreichen
das Backblech in den vorgeheizten Backofen schieben

Strom:	Etwa 200
Gas:	Etwa 3—4
Backzeit:	40—45 Minuten.

Während des Backens eine Schale mit heißem Wasser auf den Boden des Backofens stellen.
Das fertige Brot mit heißem Wasser bestreichen und noch 5—10 Minuten im ausgeschalteten Backofen stehen lassen.

Strom:	Etwa 250
Gas:	Etwa 5
Backzeit	10 Minuten

Kräuter-Gewürzbrot

300 g Weizen	fein mahlen
200 g Roggen	mit
1 Teel. Koriander	
½ Teel. Fenchelsamen	
½ Teel. Anissamen	mittelfein mahlen
	die Zutaten mit
1 Päckchen Trocken-Backhefe	
1 Päckchen Sauerteig-Extrakt	sorgfältig vermischen
1 gehäuften Teel. Salz	
4 Eßl. Speiseöl	
350 ml (⅜ l) lauwarmes Wasser	hinzufügen

alle Zutaten in der Küchenmaschine oder mit dem elektrischen Handrührgerät mit Knethaken zuerst auf der niedrigsten, dann auf der höchsten Stufe in etwa 5 Minuten zu einem glatten Teig verarbeiten
kurz vor Beendigung der Knetzeit

3—4 Eßl. gemischte, gehackte Kräuter	unterarbeiten

den Teig an einem warmen Ort so lange gehen lassen, bis er etwa doppelt so hoch ist, ihn dann auf der Tischplatte nochmals gut durchkneten, rund formen
auf ein gefettetes Backblech legen
die Teigoberfläche gitterartig einschneiden
mit

Wasser	bestreichen

nach Belieben mit

getrockneten Kräutern, Haferflocken oder Sesamsaat	bestreuen

abgedeckt an einem warmen Ort nochmals so lange gehen lassen, bis er etwa doppelt so hoch ist
das Backblech in den vorgeheizten Backofen schieben

Strom:	Etwa 200
Gas:	3—4
Backzeit:	55—60 Minuten.

Während des Backens eine Schale mit heißem Wasser in den Backofen stellen.

Leinsamen-Sesambrot

50 g Leinsamen	
50 g Sesamsaat	in der Pfanne leicht rösten abkühlen lassen
300 g Weizen	
150 g Dinkel	
1 Teel. Anissamen	fein mahlen
25 g Weizenkeime	
25 g Speiseweizenkleie	
1 Päckchen Trocken-Backhefe	hinzufügen, gut vermischen
1 Teel. Meersalz	
1 Teel. Honig	
375 ml (3/8 l) lauwarmes Wasser	hinzufügen

alle Zutaten in der Küchenmaschine oder mit einem elektrischen Handrührgerät mit Knethaken zuerst auf der niedrigsten, dann auf der höchsten Stufe in etwa 4 Minuten zu einem glatten Teig verarbeiten
die Leinsamen-Sesam-Mischung (2 Eßl. zum Bestreuen zurücklassen) unterkneten
den Teig an einem warmen Ort so lange gehen lassen, bis er etwa doppelt so hoch ist, ihn dann auf der Tischplatte nochmals gut durchkneten, zu einer Rolle formen
die Rolle mit

Wasser bestreichen
mit der zurückgelassenen Leinsamen-Sesam-Mischung bestreuen
in eine mit

Butter oder Margarine gefettete Kastenform (30x11 cm) legen
etwas andrücken
den Brotteig in der Form abgedeckt nochmals etwa 20—30 Minuten gehen lassen
ihn längs etwa 1 cm tief einschneiden
die Form auf dem Rost in den vorgeheizten Backofen schieben

Strom:	200—225
Gas:	Etwa 4
Backzeit:	Etwa 50 Minuten.

Während des Backens eine Schale mit heißem Wasser auf den Boden des Backofens stellen.

Sauerteigbrot

(Foto)

300 g Weizen	mittelgrob schroten
200 g Weizen	fein mahlen
	beide Zutaten mit
300 g Roggenvollkorn-schrot	
200 g Roggenmehl	in eine Schüssel geben, mit
2 Päckchen Trocken-Backhefe	
2 Päckchen Sauerteig-Extrakt	sorgfältig vermischen
1 Eßl. Salz	
750 ml (¾ l) lauwarmes Wasser	hinzufügen

alle Zutaten in der Küchenmaschine zuerst auf der niedrigsten, dann auf der höchsten Stufe in etwa 5 Minuten zu einem glatten Teig verarbeiten den Teig an einem warmen Ort so lange gehen lassen, bis er etwa doppelt so hoch ist, ihn dann auf der Tischplatte nochmals gut durchkneten, zu einer Kugel formen die Teigkugel in ein geflochtenes, unlackiertes, mit

Weizenvollkorn-mehl ausgestreutes Weidenkörbchen legen abgedeckt an einem warmen Ort nochmals so lange gehen lassen, bis er etwa doppelt so hoch ist auf ein gefettetes Backblech stürzen das Backblech in den vorgeheizten Backofen schieben

Strom:	200—225
Gas:	Etwa 4
Backzeit:	Etwa 1 Stunde.

Während des Backens eine Schale mit heißem Wasser auf den Boden des Backofens stellen.

Sonnenblumenkern-Brot

300 g Weizen	fein mahlen
125 g Roggen	und
75 g Gerste	mittelfein schroten

2 Teel. Korianderkörner	mitschroten
	die Zutaten mit
1 Päckchen Trocken-Backhefe	
1 Päckchen Sauerteig-Extrakt	sorgfältig vermischen
1 Teel. Meersalz	
375 ml (³/₈ l) lauwarmes Wasser	hinzufügen

die Zutaten mit

1 Päckchen Trocken-
Backhefe
1 Päckchen Sauerteig-
Extrakt   sorgfältig vermischen
1 Teel. Meersalz
375 ml (³/₈ l) lauwarmes
Wasser   hinzufügen
alle Zutaten in der Küchenmashcine oder mit dem
elektrischen Handrührgerät mit Knethaken zuerst auf
der niedrigsten, dann auf der höchsten Stufe in etwa
4 Minuten zu einem glatten Teig verarbeiten

100 g leicht geröstete
Sonnenblumenkerne (in
einer Pfanne ohne Fett)   in etwa 1 Minute unterkneten
den Teig an einem warmen Ort so lange gehen lassen, bis er etwa doppelt so hoch ist, ihn dann auf der
Tischplatte nochmals gut durchkneten, zu einem runden Brot formen
auf ein gefettetes Backblech legen
die Brotoberfläche fünfmal strahlenförmig von der
Mitte ausgehend einschneiden
den Teig abgedeckt an einem warmen Ort nochmals
so lange gehen lasssen, bis er etwa doppelt so hoch
ist, das Backblech in den vorgeheizten Backofen
schieben

Strom: 200—225
Gas: Etwa 4
Backzeit: Etwa 50 Minuten.

Während des Backens eine Schale mit heißem Wasser auf den Boden des Backofens stellen.

Roggenbrot mit ganzen Weizenkörnern

250 g Weizen   in
375ml (³/₈ l) Wasser   geben, zum Kochen bringen, etwa 3 Minuten kochen
lassen, zugedeckt über Nacht auf der Kochstelle ste-
hen lassen (am nächsten Morgen sollen die Körner
aufgeplatzt sein, andernfalls werden die Körner nochmals einige Minuten abgekocht)
die abgekühlten Weizenkörner abtropfen lassen, die
Flüssigkeit auffangen

400 g Roggen	mittelfein mahlen
400 g Roggenmehl (Typ 1370)	mit
2 Eßl. (20 g) Speiseweizenkleie	
2 Päckchen Trocken-Backhefe	
2 Päckchen Sauerteig-Extrakt	
2 ½ Teel. Meersalz	gründlich vermischen, die Flüssigkeit von dem Weizen mit
lauwarmem Wasser	auf 750 ml (¾ l) auffüllen, zu dem Mehl-Gemisch geben

alle Zutaten in der Küchenmaschine zuerst auf der niedrigsten, dann auf der höchsten Stufe in etwa 4 Minuten zu einem glatten Teig verkneten

die Weizenkörner hinzufügen, etwa 1 Minute in der Küchenmaschine unterarbeiten

den Teig an einem warmen Ort so lange gehen lassen, bis er sich etwa verdoppelt hat

ihn dann auf der Tischplatte nochmals gut durchkneten

eine Brotbackform (35 x 15 cm) mit

Butter ausfetten, mit

Speisenweizenkleie ausstreuen

den Teig zu einer Rolle formen, in die Form legen, andrücken, abgedeckt nochmals 20—30 Minuten gehen lassen

die Form auf dem Rost in den vorgeheizten Backofen schieben

Strom:	Etwa 225
Gas:	Etwa 4
Backzeit:	Etwa 1 Stunde

das Brot auf ein Backblech stürzen, wieder in den Backofen schieben

Strom:	150—175
Gas:	2—3
Backzeit:	Etwa 1 Stunde.

Tip: Das Brot sollte vor dem Anschneiden 1—2 Tage abgedeckt ruhen. Während des Backens eine Schale mit heißem Wasser auf den Boden des Backofens stellen.

Bayerisches Gewürzbrot

500 g Weizen	fein mahlen
500 g Roggen	mittelfein mahlen
	beide Mehlsorten mischen
	mit
2 Päckchen Trocken-Backhefe	
2 Päckchen Sauerteig-Extrakt	sorgfältig vermischen
2 schwach gehäufte Teel. Meersalz	
2 Teel. Kümmel	
2 Teel. Fenchelsamen	
2 Teel. Anissamen	
1 Teel. gemahlenen Koriander	hinzufügen
etwa 750 ml (¾ l) lauwarmes Wasser	hinzugießen

alle Zutaten in der Küchenmaschine zuerst auf der niedrigsten, dann auf der höchsten Stufe in etwa 5 Minuten zu einem glatten Teig verarbeiten

den Teig an einem warmen Ort so lange gehen lassen, bis er etwa doppelt so hoch ist, ihn dann auf der Tischplatte nochmals gut durchkneten, zu einem runden Brotlaib formen

auf ein gefettetes Backblech legen

abgedeckt an einem warmen Ort gehen lassen, bis er etwa doppelt so hoch ist

den Brotlaib mit

Wasser bestreichen
mit

Weizenmehl bestäuben

das Backblech in den vorgeheizten Backofen schieben

das Brot während des Backens zwei- bis dreimal mit kaltem Wasser besprenkeln

Strom:	200—225
Gas:	Etwa 4
Backzeit:	Etwa 80 Minuten.

Während des Backens eine Schale mit heißem Wasser auf den Boden des Backofens stellen.

Vitalbrot

200 g Weizen	fein mahlen
100 g Hafer	
100 g Roggen	
1 Teel. Koriander	
1 Teel. Fenchel	mittelfein mahlen
	die Zutaten mit
100 g Sojamehl	
2 Eßl. Weizenkleie	
2 Eßl. Weizenkeime	
1 Päckchen Trocken-Backhefe	
1 Päckchen Sauerteig-Extrakt	sorgfältig vermischen
1 gehäuften Teel. Salz	
400 ml lauwarmes Wasser	hinzufügen

alle Zutaten in der Küchenmaschine zuerst auf der niedrigsten, dann auf der höchsten Stufe in etwa 5 Minuten zu einem glatten Teig verarbeiten
kurz vor Beendigung der Knetzeit

50 g Leinsamen	
50 g Sonnenblumenkerne	
25 g Sesamsaat	unterarbeiten

den Teig an einem warmen Ort so lange gehen lassen, bis er etwa doppelt so hoch ist, ihn dann auf der Tischplatte nochmals gut durchkneten, zu einer Rolle formen, in eine gefettete Kastenform (11x30 cm) legen, abgedeckt an einem warmen Ort nochmals etwa 30 Minuten gehen lassen
die Teigoberfläche drei- bis viermal schräg einschneiden
mit

Wasser	bestreichen

das Backblech in den vorgeheizten Backofen schieben

Strom:	Etwa 200
Gas:	3—4
Backzeit:	55—60 Minuten.

Während des Backens eine Schale mit heißem Wasser auf den Boden des Backofens stellen.

Sesambrot

300 g Weizen	mittelfein schroten
75 g Sesamsaat	in einer Pfanne ohne Fett leicht rösten
	etwas Sesam zurücklassen
	den restlichen mit dem geschrotetem Weizen,
½ Teel. gemahlenem Koriander	
1 Päckchen Trocken-Backhefe	sorgfältig vermischen
1 Teel. Salz	
200 ml (⅕ l) lauwarmes Wasser	hinzufügen

alle Zutaten in der Küchenmaschine oder mit einem elektrischen Handrührgerät mit Knethaken zuerst auf der niedrigsten, dann auf der höchsten Stufe in etwa 5 Minuten zu einem glatten Teig verarbeiten

den Teig an einem warmen Ort so lange gehen lassen, bis er etwa doppelt so hoch ist, ihn dann auf der Tischplatte nochmals gut durchkneten, in 6 Stücke schneiden

aus den 6 Teigstücken flache Fladen formen

die Fladen auf ein gefettetes Backblech legen

abgedeckt an einem warmen Ort nochmals so lange gehen lassen, bis sie etwa doppelt so hoch sind

1 Eigelb verschlagen

die Teigfladen damit bestreichen

mit dem zurückgelassenen Sesam bestreuen

das Backblech in den vorgeheizten Backofen schieben

Strom:	Etwa 200
Gas:	3—4
Backzeit:	Etwa 20 Minuten.

Beigabe:	Käse und Oliven, Rotwein.

Weizenkleie-Brot mit Leinsamen

400 g Weizen	fein mahlen, mit
100 g Weizenkleie	
1 Päckchen Trocken-Backhefe	sorgfältig vermischen

1 gehäuften Teel.
Meersalz
4 Eßl. Speiseöl
375 ml (3/8 l) lauwarmes
Wasser   hinzufügen
alle Zutaten in der Küchenmaschine oder mit einem
elektrischen Handrührgerät mit Knethaken zuerst auf
der niedrigsten, dann auf der höchsten Stufe in etwa
5 Minuten zu einem glatten Teig verarbeiten
den Teig an einem warmen Ort so lange gehen lassen, bis er etwa doppelt so hoch ist, ihn dann nochmals gut durchkneten, zu einem ovalen Brotlaib
formen
auf ein gefettetes Backblech legen, abgedeckt
solange gehen lassen, bis der Brotlaib etwa doppelt
so hoch ist
die Teigoberfläche dreimal schräg einschneiden
mit
Wasser   bestreichen
das Backblech in den vorgeheizten Backofen
schieben

Strom: Etwa 200
Gas: Etwa 3—4
Backzeit: 55—60 Minuten.

Während des Backens eine Schale mit heißem Wasser auf den Boden des Backofens stellen.

Landbrot

Teig aus

125 g Weizenmehl
(Type 1050)
250 g Roggenmehl
(Type 1150)
2 gestrichenen Teel.
Salz
1 Beutel Sauerteig-
Extrakt
1 Päckchen Trocken-
Backhefe
400 ml
lauwarmem Wasser   nach Vorschrift auf dem Beutel Sauerteig-Extrakt
zubereiten, gehen lassen

den Teig mit Mehl bestäuben, aus der Schüssel nehmen, gut durchkneten
aus dem Teig ein rundes Brot formen, auf ein gefettetes Backblech legen
die obere Seite des Teiges kreuzweise etwa 1 cm tief
einschneiden
den Teig nochmals an einem warmen Ort gehen lassen, bis er sich sichtbar vergrößert hat
den Teig mit Wasser bestreichen, mit Mehl bestäuben, in den Backofen schieben

Strom: Etwa 200 (vorgeheizt)
Gas: 5 Minuten, vorheizen 3—4, backen 3—4
Backzeit: Etwa 50 Minuten.

Dunkles Sauerbrot

Teig aus

**250 g Roggenmehl
(Type 1150)
250 g Weizen-
Vollkornmehl
(Type 1700)
2 gestrichenen Teel.
Salz
1 Beutel Sauerteig-
Extrakt
1 Päckchen Trocken-
Backhefe
400 ml + 2 Eßl.
lauwarmem Wasser**
nach Vorschrift auf dem Beutel Sauerteig-Extrakt
zubereiten, gehen lassen, den Teig mit Mehl bestäuben, aus der Schüssel nehmen, gut durchkneten,
gleichzeitig dabei oval formen, auf ein gefettetes
Backblech legen
die obere Seite des Teiges mehrere Male 1 cm tief
einschneiden
den Teig nochmals so lange an einem warmen Ort
gehen lassen, bis er sich sichtbar vergrößert hat
den Teig mit Mehl bestäuben, in den Backofen
schieben

Strom: Etwa 200 (vorgeheizt)
Gas: 5 Minuten vorheizen 3—4, backen 3—4
Backzeit: 50—60 Minuten.

Käse-Brot
(Foto)

500 g Weizenmehl (Type 550)	in eine Rührschüssel geben mit
1 Päckchen Trocken-Backhefe 1 Teel. Zucker 1 Teel. Salz frisch gemahlenen Pfeffer Glutamat 3 Eßl. Speiseöl	sorgfältig vermischen
250 ml (¼ l) lauwarmes Wasser	hinzufügen die Zutaten mit einem Handrührgerät mit Knethaken zunächst auf niedrigster, dann auf höchster Stufe in etwa 5 Minuten zu einem glatten Teig verarbeiten den Teig an einem warmen Ort so lange gehen lassen, bis er sich sichtbar vergrößert hat, mit Mehl bestäuben, aus der Schüssel nehmen
175 g Emmentaler Käse	in nicht zu kleine Würfel schneiden zu dem Teig geben, gut unterkneten den Teig in eine gefettete Auflaufform (Durchmesser etwa 20 cm) geben
75 g Emmentaler Käse	in kleine Keile schneiden, in den Teig stecken nochmals so lange an einem warmen Ort gehen lassen, bis er sich sichtbar vergrößert hat
1 Eigelb 1 Eßl. Wasser	mit verschlagen den Teig damit bestreichen die Auflaufform auf dem Rost in den Backofen schieben

Strom:	Etwa 200 (vorgeheizt)
Gas:	3—4 (nicht vorgeheizt)
Backzeit:	Etwa 50 Minuten

Das Käse-Brot aus der Form nehmen, nach Belieben warm oder kalt servieren.

Tip: Statt Emmentaler-Käse kann das Brot auch mit Gouda-Käse gebacken werden.

38

Kastenweißbrot (Foto)

500 g Weizenmehl (Type 405)	in eine Rührschüssel sieben, mit
1 Päckchen Trocken-Backhefe	sorgfältig vermischen
1 gestrichenen Teel. Zucker	
1 schwach gehäuften Teel. Salz	
2 Eier	
1 Eigelb	
etwa 100 ml lauwarme Milch	
1 Becher (150 g) Crème fraîche	hinzufügen

die Zutaten mit einem elektrischen Handrührgerät mit Knethaken zunächst auf der niedrigsten, dann auf der höchsten Stufe in etwa 5 Minuten zu einem glatten Teig verarbeiten, an einem warmen Ort so lange gehen lassen, bis er etwa doppelt so hoch ist

den Teig in eine gefettete, mit

Semmelmehl ausgestreute Kastenform (30 x 11 cm) geben, ihn nochmals an einem warmen Ort so lange gehen lassen, bis er sich sichtbar vergrößert hat

die obere Seite des Teiges der Länge nach etwa 1 cm tief einschneiden (nicht drücken), mit Wasser bestreichen, in den Backofen schieben

Strom:	175 —200 (vorgeheizt)
Gas:	3—4
Backzeit:	40—50 Minuten (nicht vorgeheizt).

Baguette
(Stangenweißbrot, 2 Stück)

500 g Weizenmehl (Type 550)	in eine Schüssel sieben, mit
1 Päckchen Trocken-Backhefe	sorgfältig vermischen
1 gehäuften Teel. Salz	
1 Eßl. Speiseöl	
125 ml (⅛ l) lauwarme Milch	

knappe 250 ml (¼ l)
lauwarmes Wasser   hinzufügen
alle Zutaten in der Küchenmaschine oder mit einem
elektrischen Handrührgerät mit Knethaken zuerst auf
der niedrigsten, dann auf der höchsten Stufe in etwa
5 Minuten zu einem glatten Teig verarbeiten
den Teig an einem warmen Ort so lange gehen lassen, bis er etwa doppelt so hoch ist
ihn dann auf der Tischplatte gut durchkneten
zu zwei etwa 40 cm langen Rollen formen
auf ein gefettetes Backblech legen
abgedeckt an einem warmen Ort nochmals so lange
gehen lassen, bis die Rollen etwa doppelt so hoch
sind
die Teigoberflächen schräg einschneiden, mit

Wasser   bestreichen
das Backblech in den vorgeheizten Backofen
schieben

Strom: Etwa 225
Gas: Etwa 4
Backzeit: Etwa 25 Minuten.

Butter-Toastbrot

250 g Weizen   fein mahlen, mit
250 g Weizenmehl
(Typ 1050)
1 Päckchen Trocken-
Backhefe
1 gestrichenen Teel.
Meersalz   sorgfältig vermischen
1 gehäuften Teel. Honig
75 g weiche Butter
1 Ei
250 ml (¼ l) lauwarme
Milch   hinzufügen
alle Zutaten in der Küchenmaschine oder mit einem
elektrischen Handrührgerät mit Knethaken zuerst auf
der niedrigsten, dann auf der höchsten Stufe in etwa
5 Minuten zu einem glatten Teig verarbeiten
den Teig an einem warmen Ort so lange gehen lassen, bis er etwa doppelt so hoch ist, ihn dann auf der
Tischplatte nochmals gut durchkneten
eine Kastenform (30x11 cm) mit

Butter	ausfetten
	den Teig zu einer Rolle formen, in die Kastenform legen, etwas in die Form drücken abgedeckt an einem warmen Ort nochmals 20—30 Minuten gehen lassen, die Teigoberfläche mehrmals schräg einschneiden, mit
Wasser	bestreichen die Form auf dem Rost in den vorgeheizten Backofen schieben

Strom:	Etwa 200, Gas: 3—4
Backzeit:	Etwa 50 Minuten.

Buttermilchbrot

1 kg Weizen-Vollkornschrot, fein	mit
2 Päckchen Trocken-Backhefe	sorgfältig vermischen
2 ½ Teel. Meersalz 750 ml (¾ l) lauwarme Buttermilch	hinzufügen alle Zutaten in der Küchenmaschine zuerst auf der niedrigsten, dann auf der höchsten Stufe in etwa 5 Minuten zu einem glatten Teig verarbeiten den Teig an einem warmen Ort so lange gehen lassen, bis er etwa doppelt so hoch ist eine Brotbackform (35x15 cm) mit
Butter Weizenkeimen	ausstreichen, den Boden nach Belieben mit ausstreuen den Teig nochmals auf der Tischplatte gut durchkneten, zu einer Rolle formen, in die Form legen, etwas andrücken nochmals etwa 30 Minuten gehen lassen die Teigoberfläche mehrmals einschneiden, mit
Wasser	bestreichen die Form auf dem Rost in den vorgeheizten Backofen schieben

Strom:	Etwa 225, Gas: Etwa 4
Backzeit:	Etwa 45 Minuten nach 45 Minuten Backzeit herunterschalten auf
Strom:	Etwa 175, Gas: Etwa 3
Backzeit:	Etwa 45 Minuten.

Roggenschrotbrot

Am Vorabend

300 g Roggenvollkorn-
schrot
(Type 1800) — in eine Schüssel geben
mit

300 ml lauwarmem
Wasser — übergießen, über Nacht zum Quellen stehen lassen

450 g Roggenvollkorn-
schrot
(Type 1800) — mit
250 g Weizenmehl
2 Päckchen Trocken-
Backhefe — sorgfältig vermischen
2 Teel. Salz
2 Eßl. Rübenkraut
(Sirup)
100 ml Zitronensaft
gut 125 ml (1/8 l)
lauwarmes Wasser — und den gequollenen Roggenschrotbrei hinzufügen
alle Zutaten in der Küchenmaschine zuerst auf der
niedrigsten, dann auf der höchsten Stufe in etwa
5 Minuten zu einem glatten Teig verarbeiten
den Teig an einem warmen Ort so lange gehen lassen, bis er etwa doppelt so hoch ist, ihn dann auf der
Tischplatte nochmals gut durchkneten, zu einem
ovalen Brotlaib formen
den Brotlaib auf ein gefettetes Backblech legen
mit

Wasser — bestreichen
mit

etwa 80 g ganzen
Roggen
körnern — bestreuen
abgedeckt an einem warmen Ort nochmals so lange
gehen lassen, bis er etwa doppelt so hoch ist
das Backblech in den vorgeheizten Backofen
schieben

Strom: Etwa 200
Gas: 3—4
Backzeit: Etwa 70 Minuten.

Während des Backens eine Schale mit heißem Wasser auf den Boden des Backofens stellen.

Weizenvollkornbrot

(mit Kräutern der Provence)

175 g Weizen-Vollkornschrot (Type 1700) 250 g Weizenmehl (Type 550)	in eine Rührschüssel geben mit
1 Päckchen Trocken-Backhefe 1 Teel. Farin-Zucker knapp 2 gestrichene Teel. Salz 3 Eßl. Speiseöl 200 ml (1/5 l) lauwarmes Wasser	sorgfältig vermischen

hinzufügen
alle Zutaten mit einem elektrischen Handrührgerät mit Knethaken oder in der Küchenmaschine zunächst auf der niedrigsten, dann auf der höchsten Stufe in etwa 5 Minuten zu einem glatten Teig verarbeiten gegen Ende der Knetzeit

2 Eßl. Kräuter der Provence unterkneten
den Teig an einem warmen Ort so lange gehen lassen, bis er etwa doppelt so hoch ist, mit Mehl bestäuben, aus der Schüssel nehmen, gut durchkneten aus dem Teig ein rundes Brot formen, auf ein gefettetes Backblech legen, die obere Seite des Teiges mehrere Male etwa 1 cm tief einschneiden (nicht drücken), den Teig nochmals so lange an einem warmen Ort gehen lassen, bis er sich sichtbar vergrößert hat
den Teig mit Wasser bestreichen, in den vorgeheizten Backofen schieben
während des Backens ab und zu mit Wasser bestreichen

Strom: Etwa 200
Gas: 5 Minuten vorheizen 3—4, backen 3—4
Backzeit: Etwa 50 Minuten.

Während des Backens eine Schale mit heißem Wasser auf den Boden des Backofens stellen.

Roggenbrot mit Salami

(Foto)

250 g Roggen-Backschrot (Type 1800) 250 g Weizenmehl (Type 550)	in eine Rührschüssel geben mit
1 Päckchen Trocken-Backhefe 1 Teel. Zucker 1 Teel. Salz etwas Glutamat 250 ml (¼ l) lauwarmes Wasser	sorgfältig vermischen
	hinzufügen die Zutaten mit einem elektrischen Handrührgerät mit Knethaken zunächst auf der niedrigsten, dann auf der höchsten Stufe in etwa 5 Minuten zu einem glatten Teig verarbeiten, gegen Ende der Knetzeit
150 g kleingeschnittene Salami	unterkneten den Teig an einem warmen Ort so lange gehen lassen, bis er sich sichtbar vergrößert hat mit Mehl bestäuben, aus der Schüssel nehmen, gut durchkneten aus dem Teig 2 längliche Brote formen, auf ein gefettetes Backblech legen, die obere Seite des Teiges mehrmals etwa 1 cm tief einschneiden, den Teig nochmals so lange an einem warmen Ort gehen lassen, bis er sich sichtbar vergrößert hat, mit Wasser bestreichen, mit Mehl bestäuben, in den vorgeheizten Backofen schieben

Strom: Etwa 200
Gas: 5 Minuten vorheizen 3—4, backen 3—4
Backzeit: Etwa 40 Minuten.

Sesam-Honig-Brot

250 g Weizen 150 g Dinkel 100 g Buchweizen 1 Teel. Koriander-körner	mit fein mahlen

1 gestrichenen Teel. Meersalz	
1 Messerspitze gemahlenen Koriander	
abgeriebene Schale von 1 Zitrone (unbehandelt)	
1 Ei	
3 Eßl. Honig	
125 g weiche Butter	hinzufügen
1 Würfel (42 g) Frischhefe	in
5—6 Eßl. lauwarmer Milch	auflösen, hinzufügen alle Zutaten in der Küchenmaschine oder mit dem elektrischen Handrührgerät mit Knethaken zuerst auf der niedrigsten, dann auf der höchsten Stufe in etwa 4 Minuten zu einem glatten Teig verarbeiten
100 g leicht gerösteten Sesamsamen (in einer Pfanne ohne Fett)	in etwa 1 Minute unterkneten den Teig an einem warmen Ort so lange gehen lassen, bis er etwa doppelt so hoch ist, ihn dann auf der Tischplatte nochmals gut durchkneten eine gut gefettete Kastenform (30 cm lang) mit
Sesamsaat	ausstreuen den Teig zu einer Rolle formen, in die Form geben, etwas andrücken abgedeckt an einem warmen Ort nochmals so lange gehen lassen, bis der Teig etwa doppelt so hoch ist mit
Wasser	bestreichen mit
Sesamsamen	bestreuen die Form auf dem Rost in den vorgeheizten Backofen schieben
Strom:	Etwa 200
Gas:	3—4
Backzeit:	40—50 Minuten.

Während des Backens eine Schale mit heißem Wasser auf den Boden des Backofens stellen.

Nordisches Sonnenrad

200 g Weizen	mit
100 g Gerste	
150 g Roggen	
100 g Hafer	
1 Teel. Fenchel	
1 Teel. Anissamen	
1 Teel. Koriander	fein mahlen
150 g Roggenmehl	mit
100 g Sojamehl	hinzufügen
2 Teel. Salz	
2 Eßl. Sirup (Rüben-kraut)	
3 Eßl. Speiseöl	hinzufügen
1 Würfel (42 g) Frischhefe	in
knapp 500 ml (½ l) lauwarmem Wasser	auflösen, zu den übrigen Zutaten geben alle Zutaten in der Küchenmaschine oder mit dem elektrischen Handrührgerät mit Knethaken zuerst auf der niedrigsten, dann auf der höchsten Stufe in etwa 5 Minuten zu einem glatten Teig verarbeiten den Teig an einem warmen Ort so lange gehen lassen, bis er etwa doppelt so hoch ist, ihn dann auf der Tischplatte nochmals gut durchkneten, in 9 Stücke teilen 8 Stücke je zu gut etwa 20 cm langen Rollen formen, jeweils ein Ende etwas schneckenförmig einrollen und die Rollen strahlenförmig in Form eines Fragezeichens auf ein gefettetes Backblech legen das neunte Teigstück zu einer Schnecke formen und auf die Mitte des Strahlenkranzes legen abgedeckt an einem warmen Ort nochmals etwa 30 Minuten gehen lassen, mit
Wasser	bestreichen, mit
Sesamsaat	bestreuen das Backblech in den vorgeheizten Backofen schieben

Strom:	Etwa 200, Gas: 3—4
Backzeit:	Etwa 45 Minuten.

Während des Backens eine Schale mit heißem Wasser auf den Boden des Backofens stellen.

Herbstbrot

(Foto)

500 g mehligkochende Kartoffeln	im Schnellkochtopf in etwa 10 Minuten garen, heiß pellen, durch die Kartoffelpresse drücken
750 g Weizen	fein mahlen, mit der Kartoffelmasse vermengen
2 Teel. Salz	
60 g weiche Butter	hinzufügen
1 Würfel (42 g) Frischhefe	in
200 ml (⅕ l) lauwarmer Milch	auflösen mit
200 ml (⅕ l) lauwarmem Wasser	zu den übrigen Zutaten geben alle Zutaten in der Küchenmaschine oder mit einem elektrischen Handrührgerät mit Knethaken zuerst auf der niedrigsten, dann auf der höchsten Stufe in etwa 5 Minuten zu einem glatten Teig verarbeiten kurz vor Beendigung der Knetzeit
1 geschälten, geraspelten Apfel (Boskop) **150 g ohne Fett geröstete Sonnenblumenkerne**	unterarbeiten den Teig an einem warmen Ort so lange gehen lassen, bis er etwa doppelt so hoch ist, ihn dann auf der Tischplatte nochmals gut durchkneten, in 2 Hälften teilen die beiden Teighälften in 2 gefettete Kastenformen (30x11 cm) geben mit
3 Eßl. Sonnenblumenkernen	bestreuen abgedeckt an einem warmen Ort nochmals etwa 30 Minuten gehen lassen die Formen auf dem Rost in den vorgeheizten Backofen schieben
Strom:	Etwa 200
Gas:	3—4
Backzeit:	Etwa 1 Stunde.

Schwedisches Sirupbrot

Am Vorabend

325 g Roggen-Vollkornschrot mit **500 (½ l) kochendem Wasser** übergießen, durchrühren, abgedeckt über Nacht quellen lassen

650 g Weizenmehl (Type 1050) über den gequollenen Roggenschrot in eine Schüssel geben

1 Eßl. Meersalz
2 Eßl. (50 g) Sirup hinzufügen

2 Würfel (je 42 g) Frischhefe mit **500 ml (½ l) Milch** verrühren

alle Zutaten in der Küchenmaschine zuerst auf der niedrigsten, dann auf der höchsten Stufe verkneten, nach und nach die Hälfte von

450 g Roggenmehl hinzufügen

die Zutaten in etwa 4 Minuten zu einem glatten Teig verarbeiten

den Teig mit dem restlichen Roggenmehl auf die Tischplatte geben, gut durchkneten

den Teig an einem warmen Ort so lange gehen lassen, bis er etwa doppelt so hoch ist, ihn dann auf der Tischplatte nochmals gut durchkneten, halbieren, aus den zwei Teighälften 2 Brotlaibe von etwa 25 cm Länge formen

die Brotlaibe auf ein gefettetes Backblech geben, abgedeckt an einem warmen Ort so lange gehen lassen, bis sie etwa doppelt so hoch sind (in 20—30 Minuten)

das Backblech in den vorgeheizten Backofen schieben

Strom: 200—225
Gas: 3—4
Backzeit: Etwa 1 Stunde

Während des Backens eine Schale mit heißem Wasser auf den Boden des Backofens stellen.

Roggenmischbrot in Kohlblättern

20 g frische Hefe
3 Eßl. lauwarmem
Wasser in
auflösen, an einem warmen Ort etwa 15 Minuten
gehen lassen
mit

500 g Roggen-
vollkornbrot
200 g Weizen-
vollkornmehl
200 g Magerquark
etwa 400 ml
lauwarmem
Wasser
1 Packung
Natur-Sauer
1 Eßl. Salz
1 Eßl. Kümmel
1 Eßl. Anissamen zu einem festen Teig verkneten
Teigkugel mit

Roggenvollkorn-
mehl bestäuben, zugedeckt an einem warmen Ort etwa
1 Stunde gehen lassen, 2 runde Brotlaibe daraus
formen

etwa 12 große
Außenblätter
von Wirsing oder
Weißkohl waschen, abtropfen lassen, Teigkugeln darin ein-
packen
auf ein gefettetes Backblech setzen, etwa 1 Stunde
an einem warmen Ort gehen lassen, in den vorgeheizten Backofen schieben

Strom: Etwa 220
Gas: 3—4
Backzeit: Etwa 60 Minuten
Kohlblätter abnehmen, Brote auskühlen lassen.

Tip: Wenn man auf die Weise kleine Brötchen backt, über-
trägt sich das Aroma der Blätter noch intensiver und
durch die kürzere Backzeit sind die Blätter noch
genießbar.

Während des Backens eine Schale mit heißem Wasser auf den Boden des Backofens stellen.

Viererlei Brot (Foto)

750 g Weizenmehl (Type 550)	mit
300 g Weizenschrot (Type 1700)	in eine Schüssel geben, in die Mitte eine Mulde eindrücken
70 g Frischhefe	hineinbröckeln
1 Teel. Salz	
1 gestrichenen Teel. Zucker	
2 gestrichene Teel. schwarzen Pfeffer	auf dem Mehlrand verteilen
625 ml lauwarmes Wasser	über die zerbröckelte Hefe gießen, die Hefe darin auflösen
125 ml (⅛ l) Walnußöl	hinzufügen

alle Zutaten in der Küchenmaschine zuerst auf der niedrigsten, dann auf der höchsten Stufe in etwa 5 Minuten zu einem glatten Teig verarbeiten

den Teig an einem warmen Ort so lange gehen lassen, bis er etwa doppelt so hoch ist, ihn dann auf der Tischplatte nochmals gut durchkneten, zu einer länglichen Rolle formen

in 4 gleichgroße Stücke schneiden

jedes Teigstück mit einer der folgenden Mischungen verkneten

für die 1. Mischung

80 g entsteinte, geviertelte schwarze Oliven	mit
150 g gewürfelter Salami	
2 Teel. gerebeltem Oregano	vermengen

für die 2. Mischung

200 g mittelalten, kleingewürfelten Gouda-Käse	mit
2 Teel. Kümmel	
1 Teel. Pfeffer	vermengen

für die 3. Mischung

100 g Haselnußkerne	mit
50 g Walnußkernen	vermengen

	für die 4. Mischung
100 g geschälte Kürbis- kerne	mit
2 Teel. gemahlenem Koriander	vermengen
	die mit den verschiedenen Mischungen verkneteten Teigstücke birnenförmig formen, das spitze Ende etwas flach drücken
	mit
Wasser	bestreichen so auf ein gefettetes Backblech legen, daß sie mit den spitzen Enden leicht überlappen und miteinander verbunden sind in der Mitte etwas zusammendrücken abgedeckt nochmals etwa 30 Minuten an einem war- men Ort gehen lassen, mit
Wasser	bestreichen jedes Teigstück dreimal der Länge nach einritzen das Backblech in den vorgeheizten Backofen schieben
Strom:	Etwa 225
Gas:	Etwa 4
Backzeit:	35—40 Minuten.

Kürbisbrot

400 g Kürbisfleisch	schälen, Kerne und Fäsen entfernen, Kürbisfleisch in große Würfel schneiden, in
5—6 Eßl. Wasser	mit
1 Teel. Salz	in etwa 30 Minuten ganz weich kochen, gut abtrop- fen lassen, pürieren, Flüssigkeit in einem Mulltuch ausdrücken
30 g Hefe	in
2—3 Eßl. lauwarmem Wasser	auflösen, mit
Kürbismus 500 g Weizenvoll- kornmehl 1—2 Teel. Salz 100 g gehackten, grünen Kürbiskernen	
Weizenvollkornmehl	verkneten, Teigkugel mit bestäuben, die Teigkugel zugedeckt an einem war- men Ort solange gehen lassen, bis sie etwa doppelt so groß ist, nochmals durchkneten, wieder zur Kugel formen, auf ein bemehltes Backblech setzen, die

Oberfläche rautenförmig einschneiden, mit Wasser
bestreichen

1—2 Eßl.

Kürbiskernen mit

bestreuen, etwa 1 Stunde gehen lassen
das Backblech in den vorgeheizten Backofen
schieben

Strom: Zuerst 240, dann 220

Gas: Zuerst 4—5, dann 3—4

Backzeit: Zunächst 10 Minuten, dann etwa 40 Minuten.

Fränkisches Gewürzbrot

250 g Roggen fein mahlen

750 g Roggen mittelgrob schroten

je 2 Teel. Anissamen
Fenchel
Kümmel mitschroten
alle Zutaten mit

2 Päckchen Trocken-
Backhefe
2 Päckchen
Sauerteig-Extrakt gut vermischen
2 Teel. Meersalz
800 ml
lauwarmes Wasser hinzufügen
alle Zutaten in der Küchenmaschine zuerst auf der
niedrigsten, dann auf der höchsten Stufe in etwa 5
Minuten zu einem glatten Teig verarbeiten
den Teig an einem warmen Ort so lange gehen lassen, bis er etwa doppelt so hoch ist
ihn dann auf der Tischplatte nochmals so lange
gehen lassen, bis der Brotlaib etwa doppelt so hoch
ist, mit

Wasser bestreichen
das Backblech in den vorgeheizten Backofen
schieben

Strom: Etwa 250

Gas: Etwa 5

Backzeit: Etwa 1 Stunde.

Das fertig gebackene Brot mit heißem Wasser
bestreichen und noch 5—10 Minuten im ausgeschalteten Backofen ruhen lassen.

Roggen-Brot mit Käse

Teig aus

375 g Roggen-Backschrot (Type 1800)
125 g Weizenmehl (Type 405)
2 gestrichenen Teel. Salz
1 Päckchen Getrockneter Sauerteig-Extrakt
1 Päckchen Trocken-Backhefe
200 g Doppelrahm-Frischkäse
400 ml lauwarmem Wasser nach Vorschrift auf dem Beutel Sauerteig-Extrakt zubereiten, gehen lassen
den Teig mit Mehl bestäuben, aus der Schüssel nehmen, gut durchkneten, dabei

150 g Sonnenblumen-kerne (aus dem Reformhaus) unterkneten
aus dem Teig ein ovales Brot formen, auf ein gefettetes Backblech legen
die obere Seite des Teiges mehrere Male 1 cm tief einschneiden, mit Wasser bestreichen
mit

50 g Sonnenblumen-kernen bestreuen
den Teig nochmals so lange an einem warmen Ort gehen lassen, bis er sich sichtbar vergrößert hat
in den Backofen schieben

Strom: Etwa 200 (vorgeheizt)
Gas: 5 Minuten vorheizen 3—4, backen 3—4
Backzeit: 40—50 Minuten.

Während des Backens eine Schale mit heißem Wasser auf den Boden des Backofens stellen.

Fladenbrot

450 g Weizenmehl (Type 405)	mit
300 g Weizenmehl (Type 1050)	in eine Schüssel sieben mit
½ Päckchen Backpulver	
1 Päckchen Trocken-Backhefe	
1 gestrichenen Eßl. Salz	
1 gestrichenen Eßl. Zucker	sorgfältig vermischen
150 g Joghurt	mit
200 ml Milch	erwärmen, lauwarm mit
50 g Butter-Flöckchen	
2 Eiern	zu dem Mehl geben alle Zutaten in der Küchenmaschine oder mit einem elektrischen Handrührgerät mit Knethaken zuerst auf der niedrigsten, dann auf der höchsten Stufe in etwa 5 Minuten zu einem glatten Teig verarbeiten den Teig an einem warmen Ort so lange gehen lassen, bis er etwa doppelt so hoch ist den gegangenen Teig auf der Tischplatte nochmals gut durchkneten, in 3 Teile schneiden jedes Teigstück etwa 2 cm dick ausrollen auf ein gefettetes Backblech legen mit
1 Eßl. zerlassener Butter	bestreichen ein Teigstück mit
Sesamsaat und Korianderkörnern	bestreuen ein Teigstück mit
Mohn	und ein Teigstück mit Kümmel bestreuen abgedeckt an einem warmen Ort so lange gehen lassen, bis die Teigstücke etwa doppelt so hoch sind das Backblech in den vorgeheizten Backofen schieben die Fladen goldbraun backen

Strom:	Etwa 225
Gas:	Etwa 4
Backzeit:	15—18 Minuten.

Ofenfrische Frühstücksbrötchen, knusprig und zart

Pikanter Brötchenbaum (Foto S. 60/61)

600 g Weizen	mit
1 Teel. Kümmel	
1 Teel. Fenchel	
1 Teel. Koriander	fein mahlen
125 g Roggen	
125 g Hafer	
	beide Zutaten mittelfein schroten, mit dem Weizenmehl,
50 g Sojamehl	
100 g Roggenmehl	
2 Teel. Meersalz	vermengen
3 Eßl. Speiseöl	hinzufügen
1 Würfel (42 g) Frischhefe	in
250 ml (¼ l) lauwarmem Wasser	auflösen, mit
knapp 500 ml (½ l) lauwarmem Wasser	zu den übrigen Zutaten geben (Foto 1)

alle Zutaten in der Küchenmaschine zuerst auf der niedrigsten, dann auf der höchsten Stufe in etwa 5 Minuten zu einem glatten Teig verarbeiten
den Teig an einem warmen Ort so lange gehen lassen, bis er etwa doppelt so hoch ist

2—3 Zwiebeln	abziehen, würfeln
25 g Butter	zerlassen, die Zwiebelwürfel darin goldgelb dünsten, abkühlen lassen
150 g durchwachsenen Speck	in kleine Würfel schneiden

den gegangenen Teig auf der Tischplatte nochmals gut durchkneten, in 4 Teile teilen
unter einen Teil die Zwiebelwürfel, unter den zweiten Teil die Speckwürfel, unter den dritten Teil (Foto 2)

1 gehäuften Teel. Kümmel	kneten, die 3 Teigstücke jeweils in 10—12 Stücke schneiden

aus dem vierten Teigstück einen Baumstamm formen, ihn auf ein gefettetes Backblech legen
die Teigstücke zu runden Brötchen formen und sie abwechselnd als Baumkrone um den Baumstamm auf das Backblech legen (Foto 3)
abgedeckt an einem warmen Ort gehen lassen, bis sie etwa doppelt so hoch sind
nach Belieben die Teigstücke ringsherum mit einer Schere dreimal einschneiden, mit

Wasser	bestreichen
	den Baumstamm mit
Sesamsaat	bestreuen
	das Backblech in den vorgeheizten Backofen schieben

Strom:	Etwa 225
Gas:	Etwa 4
Backzeit:	35—40 Minuten.

Sesambrötchen

375 g Weizenmehl (Type 405)	in eine Rührschüssel sieben, mit
1 Päckchen Trocken-Backhefe	sorgfältig vermischen
1 gestrichenen Teel. Zucker	
1 schwach gehäuften Teel. Salz	
50 g zerlassene lauwarme Margarine	
200 ml (1/5 l) lauwarmes Wasser	hinzufügen

die Zutaten mit einem Handrührgerät mit Knethaken zunächst auf niedrigster, dann auf höchster Stufe in etwa 5 Minuten zu einem glatten Teig verarbeiten
an einem warmen Ort so lange gehen lassen, bis er etwa doppelt so hoch ist, den Teig mit Mehl bestäu-

	ben, aus der Schüssel nehmen, gut durchkneten
	aus dem Teig 24 ovale Brötchen formen
	auf ein gefettetes Backblech legen
	die Brötchen mit Wasser bestreichen, mit
Sesamsamen	bestreuen
	nochmals so lange an einem warmen Ort gehen las-
	sen, bis sie sich sichtbar vergrößert haben, das Back-
	blech in den vorgeheizten Backofen schieben
Strom:	Etwa 175—200, Gas: etwa 3—4
Backzeit:	Etwa 30 Minuten.

Käsebrötchen (Foto)

250 g Weizenmehl (Type 550)	
175 g Weizenmehl (Type 1050)	in eine Rührschüssel geben, mit
1 Päckchen Trocken-Backhefe	sorgfältig vermischen
1 Teel. Zucker	
1 Teel. Salz	
etwas Pfeffer	
250 ml (¼ l) lauwarmes Wasser	hinzufügen
	die Zutaten mit einem Handrührgerät mit Knethaken zunächst auf niedrigster, dann auf höchster Stufe in etwa 5 Minuten zu einem glatten Teig verarbeiten gegen Ende der Knetzeit
150 g grob geraspelten Gouda-Käse	unterkneten
	den Teig an einem warmen Ort so lange gehen las-sen, bis er etwa doppelt so hoch ist
	mit Mehl bestäuben, aus der Schüssel nehmen, gut durchkneten
	aus dem Teig etwa 10 ovale glatte Brötchen formen
	auf ein gefettetes Backblech legen
1 Eigelb	mit
1 Eßl. Wasser	verschlagen, die Brötchen damit bestreichen, mit
50 g grob geraspeltem Gouda-Käse	bestreuen
	nochmals so lange an einem warmen Ort gehen las-sen, bis sie sich sichtbar vergrößert hatten, das Backblech in den vorgeheizten Backofen schieben
Strom:	Etwa 175—200, Gas: etwa 3—4
Backzeit:	Etwa 25 Minuten.

64

Müsli-Stangen

(Foto)

150 g (10 Früchtemüsli ohne Zuckerzusatz) 300 ml kochendheißer Milch	mit übergießen, etwa 30 Minuten quellen lassen
400 g Weizen 1 Teel. Korianderkörnern	mit fein mahlen, mit
1 Päckchen Trocken-Backhefe	sorgfältig vermischen
1 gestrichenen Teel. Meersalz 2 Teel. Honig 200 g Magerquark 40 g weiche Butter	und den Müslibrei hinzufügen alle Zutaten in der Küchenmaschine oder mit dem elektrischen Handrührgerät mit Knethaken zuerst auf der niedrigsten, dann auf der höchsten Stufe in etwa 5 Minuten zu einem glatten Teig verarbeiten, evtl. noch
2—3 Eßl. Milch	hinzufügen den Teig an einem warmen Ort so lange gehen lassen, bis er etwa doppelt so hoch ist, ihn dann auf der Tischplatte nochmals gut durchkneten, zu einer Rolle formen, in etwa 15 Stücke schneiden die Teigstücke zu etwa 15 cm langen Stangen formen mit
Milch	bestreichen mit
etwa 30 g gehobelten Haselnußkernen	bestreuen auf ein gut gefettetes Backblech legen abgedeckt an einem warmen Ort nochmals so lange gehen lassen, bis die Stangen etwa doppelt so hoch sind das Backblech in den vorgeheizten Backofen schieben

Strom:	Etwa 200
Gas:	3—4
Backzeit:	25—30 Minuten.

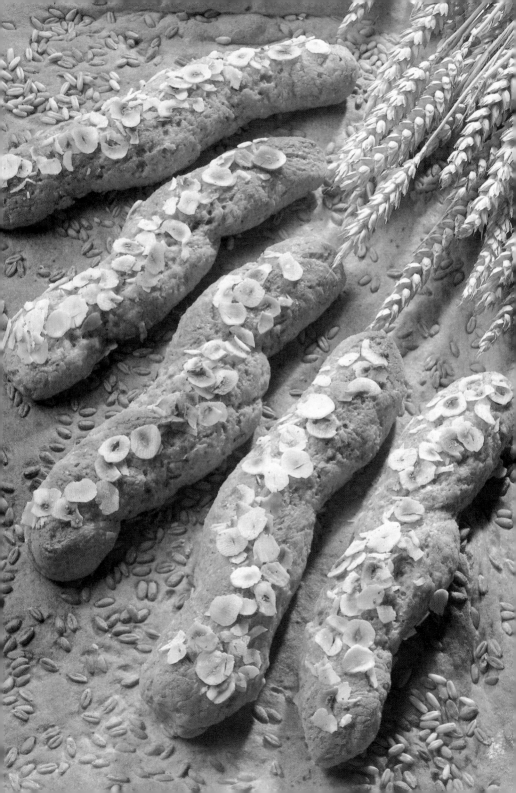

Schwedische Buchweizen-Brötchen

(18—20 Stück)

Am Vorabend

125 g geschälten Buchweizen (ganz) 75 g Leinsamen 50 g Sultaninen 400 ml kochendem Wasser	mit übergießen, durchrühren, abgedeckt über Nacht quellen lassen
325 g Weizen	fein bis mittelfein mahlen
100 g Sojamehl	hinzufügen, mit
1 Päckchen Trocken-Backhefe	sorgfältig vermischen
½ Teel. Salz 125 ml (⅛ l) lauwarmes Wasser	hinzufügen, den Buchweizen-Leinsamen-Sultaninen-Brei ebenfalls hinzufügen alle Zutaten in der Küchenmaschine zuerst auf der niedrigsten, dann auf der höchsten Stufe in etwa 5 Minuten zu einem glatten Teig verarbeiten den Teig an einem warmen Ort so lange gehen lassen, bis er etwa doppelt so hoch ist, ihn dann auf der Tischplatte nochmals gut durchkneten, zu einer Rolle formen, die Teigrolle in 18—20 Stücke schneiden aus den Teigstücken runde Brötchen formen die Brötchen auf ein gut gefettetes Backblech legen abgedeckt an einem warmen Ort nochmals so lange gehen lassen, bis sie etwa doppelt so hoch sind die Brötchen mit
Wasser	bestreichen das Backblech in den vorgeheizten Backofen schieben

Strom:	200—225
Gas:	Etwa 4
Backzeit:	Etwa 30 Minuten.

Während des Backens eine Schale mit heißem Wasser auf den Boden des Backofens stellen.

Anmerkung:	Die schwedischen Buchweizen-Brötchen bleiben mehrere Tage frisch.

Kornknacker
(etwa 20 Stück)

	Am Vorabend oder einige Stunden vor dem Backen
75 g Weizen	in
250 ml (¼ l) kochendes	
Wasser	geben, 2—3 Minuten kochen lassen, zugedeckt quellen lassen, bis die Körner aufplatzen, abkühlen lassen
300 g Weizen	fein mahlen
150 g Roggen	mittelgrob schroten
50 g Sojamehl	
1 Päckchen Trocken-	
Backhefe	hinzufügen, die Zutaten gut vermischen
1 Eßl. Sesamsaat	
1 Eßl. Leinsamen	
1 Eßl. Sonnenblumen-	
kerne	
1 Teel. Salz	
1 Teel. Honig	
250 ml (¼ l) lauwarmes	
Wasser	und die Weizenkörner mit der Flüssigkeit hinzufügen

alle Zutaten in der Küchenmaschine oder mit einem elektrischen Handrührgerät mit Knethaken zuerst auf der niedrigsten, dann auf der höchsten Stufe in etwa 5 Minuten zu einem glatten Teig verarbeiten

den Teig an einem warmen Ort so lange gehen lassen, bis er etwa doppelt so hoch ist, ihn dann auf der Tischplatte nochmals gut durchkneten, zu einer Rolle formen

die Teigrolle in etwa 20 Stücke schneiden, jedes Teigstück oval formen, mit Wasser bestreichen, in ein

Sesam-Mohn-Gemisch
Leinsamen-Roggen-
Gemisch drücken

die Teigstücke auf ein gefettetes Backblech legen abgedeckt an einem warmen Ort gehen lassen, bis sie etwa doppelt so hoch sind

das Backblech in den vorgeheizten Backofen schieben

Strom:	Etwa 225
Gas:	Etwa 4
Backzeit:	Etwa 30 Minuten.

Während des Backens eine Schale mit heißem Wasser auf den Boden des Backofens stellen.

69

Mohn- und Sesamhörnchen

(Foto)

**500 g Weizenmehl
(Type 550
oder 1050
oder gemischt)** in eine Schüssel sieben
mit

**1 Päckchen Trocken-
Backhefe** sorgfältig vermischen
**50—60 g Zucker
1 gestrichenen
Teel. Salz
abgeriebene
Schale von
½ Zitrone
(unbehandelt)
1 Ei
1 Eiweiß
60 g weiche
Butter
200 ml
lauwarme Milch** hinzufügen
alle Zutaten in der Küchenmaschine oder mit einem
elektrischen Handrührgerät mit Knethaken zuerst auf
der niedrigsten, dann auf der höchsten Stufe in etwa
5 Minuten zu einem glatten Teig verarbeiten
den Teig an einem warmen Ort so lange gehen lassen, bis er etwa doppelt so hoch ist, ihn dann nochmals auf der Tischplatte gut durchkneten, zu einer
Rolle formen, die Teigrolle in 12—14 Stücke
schneiden
die Teigstücke zu etwa 18 cm langen Rollen formen,
dabei die Rollenenden etwas dünner formen

1 Eigelb mit
1 Eßl. Milch verschlagen, die Oberfläche der Teigrollen damit
bestreichen
die Hälfte der Teigrollen mit
Mohn und die andere Hälfte mit
Sesamsaat bestreuen
die Teigrollen in Form von Hörnchen auf ein gut
gefettetes Backblech legen
abgedeckt an einem warmen Ort nochmals so lange
gehen lassen, bis sie etwa doppelt so hoch sind
das Backblech in den vorgeheizten Backofen
schieben

Strom: 175—200
Gas: 3—4
Backzeit: Etwa 20 Minuten.

Während des Backens eine Schale mit heißem Wasser auf den Boden des Backofens stellen.

Sesam-Käsewickel
(14 Stück)

500 g Weizenmehl (Type 405)	in eine Schüssel sieben
250 g weiche Butter	in Flöckchen und
1 Teel. Salz	
1 Ei	hinzufügen
1 Päckchen Trocken-Backhefe	mit
1 Teel. Zucker	
125 ml (⅛ l) lauwarmer Milch	anrühren, 5—10 Minuten gehen lassen, zum Mehl geben

alle Zutaten in der Küchenmaschine oder mit dem elektrischen Handrührgerät mit Knethaken zuerst auf der niedrigsten, dann auf der höchsten Stufe in etwa 3 Minuten zu einem glatten Teig verarbeiten, zum Schluß

50 g geriebenen alten Gouda-Käse unterarbeiten
den Teig an einem warmen Ort so lange gehen lassen, bis er etwa doppelt so hoch ist, ihn dann auf der Tischplatte nochmals gut durchkneten, in 14 Stücke schneiden
jedes Teigstück zu einer 27—28 cm langen Rolle formen
7 Teigrollen in

Sesamsaat und 7 Teigrollen in
etwa 20 g geriebenem Parmesan-Käse wälzen
die Teigrollen hufeisenförmig nebeneinanderlegen und die beiden Teigenden zweimal umeinanderschlingen
auf ein gefettetes Backblech legen
abgedeckt an einem warmen Ort so lange gehen

lassen, bis sie etwa doppelt so hoch sind
das Backblech in den vorgeheizten Backofen
schieben

Strom:	Etwa 200
Gas:	3—4
Backzeit:	Etwa 20 Minuten.

Kräuterfladen
(Etwa 24 Stück)

250 g Weizen mit
½ Teel. Kümmel
½ Teel. Fenchel
½ Teel. Koriander fein mahlen, mit
1 Päckchen Trocken-
Backhefe sorgfältig vermischen
3 Eßl. Speiseöl
1 Eiweiß
125 ml (⅛ l) lauwarmes
Wasser hinzufügen
alle Zutaten in der Küchenmaschine oder mit einem
elektrischen Handrührgerät mit Knethaken zuerst auf
der niedrigsten, dann auf der höchsten Stufe in etwa
5 Minuten zu einem glatten Teig verarbeiten
den Teig an einem warmen Ort so lange gehen lassen, bis er etwa doppelt so hoch ist, ihn dann auf der
Tischplatte nochmals gut durchkneten, in etwa
24 Stücke schneiden
die Teigstücke zu dünnen, runden Fladen ausrollen
auf ein gefettetes Backblech legen
1 Eigelb mit
1—2 Eßl. Milch verschlagen, die Fladen damit bestreichen
mit
grobem Salz
Kräutern der Provence bestreuen
das Backblech in den vorgeheizten Backofen
schieben

Strom:	Etwa 225
Gas:	4—5
Backzeit:	10—15 Minuten

Tip: Die Kräuterfladen können mehrere Tage in einer gut
schließenden Blechdose aufbewahrt werden.

Mohnzöpfchen
(12 Stück, Foto)

500 g Weizenmehl Type 550	in eine Schüssel sieben, mit
1 Päckchen Trocken-Backhefe	sorgfältig vermischen
1 gehäuften Teel. Salz	
1 Eßl. Speiseöl	
125 ml (⅛ l) lauwarme Milch	
250 ml (¼ l) lauwarmes Wasser	hinzufügen

alle Zutaten in der Küchenmaschine oder mit einem elektrischen Handrührgerät mit Knethaken zuerst auf der niedrigsten, dann auf der höchsten Stufe in etwa 5 Minuten zu einem glatten Teig verarbeiten
den Teig an einem warmen Ort so lange gehen lassen, bis er etwa doppelt so hoch ist, ihn dann auf der Tischplatte nochmals gut durchkneten, zu einer Rolle formen, in 12 Stücke schneiden
von jedem Teigstück ⅓ abnehmen und zu einer etwa 15 cm langen Rolle formen, die größeren Teigstücke jeweils zu etwa 30 cm langen Rollen formen
die langen Rollen hufeisenförmig auf die Tischplatte legen, jeweils eine kurze Rolle dazwischen legen, aus den 3 Strängen einen Zopf flechten, die Enden fest drücken, evtl. nach hinten unter den Zopf schlagen
die Teigzöpfe auf ein gefettetes Backblech legen abgedeckt an einem warmen Ort nochmals so lange gehen lassen, bis sie etwa doppelt so hoch sind
mit

Wasser	bestreichen, mit
Mohn	bestreuen

das Backblech in den vorgeheizten Backofen schieben

Strom:	200—225
Gas:	Etwa 4
Backzeit:	25—30 Minuten.

Während des Backens eine Schale mit heißem Wasser auf den Boden des Backofens stellen.

Schmalz-Brötchen
(Etwa 14 Stück)

350 g Weizenmehl (Type 1050) 150 g Roggen-Backschrot (Type 1800)	beide Mehlsorten in eine Schüssel geben, mit
1 Päckchen Trocken-Backhefe	sorgfältig vermischen nach Belieben
½ Teel. gemahlenen Kümmel 1 gehäuften Teel. Salz	hinzufügen
50 g weiches Schmalz 300 ml lauwarmes Wasser	hinzufügen alle Zutaten in der Küchenmaschine oder mit einem elektrischen Handrührgerät mit Knethaken zuerst auf der niedrigsten, dann auf der höchsten Stufe in etwa 5 Minuten zu einem glatten Teig verarbeiten den Teig an einem warmen Ort so lange gehen lassen, bis er etwa doppelt so hoch ist, ihn dann auf der Tischplatte nochmals gut durchkneten, zu einer Rolle formen, in etwa 14 Stücke schneiden die Teigstücke rund formen, auf ein gefettetes Backblech legen abgedeckt an einem warmen Ort nochmals so lange gehen lassen, bis sie etwa doppelt so hoch sind mit
Wasser Sesamsaat Mohn oder Kümmel	bestreichen, nach Belieben mit bestreuen das Backblech in den vorgeheizten Backofen schieben

Strom: Etwa 225
Gas: Etwa 4
Backzeit: 25—30 Minuten.

Während des Backens eine Schale mit heißem Wasser auf den Boden des Backofens stellen.

76

Vollkornbrötchen-Kissen

175 g Weizen
175 g Dinkel
175 g Roggen
    die drei Kornsorten fein mahlen
    mit
1 Päckchen Trocken-
    Backhefe sorgfältig vermischen
1 schwach
gehäuften Teel.
Meersalz
375 ml (3/8 l)
lauwarmes
    Wasser hinzufügen
    alle Zutaten in der Küchenmaschine oder mit einem
    elektrischen Handrührgerät mit Knethaken zuerst auf
    der niedrigsten, dann auf der höchsten Stufe in etwa
    5 Minuten zu einem glatten Teig verarbeiten
    den Teig an einem warmen Ort so lange gehen las-
    sen, bis er etwa doppelt so hoch ist, ihn dann auf der
    Tischplatte nochmals gut durchkneten, zu einer Rolle
    formen, etwas flach drücken, längs durchschneiden
    jede Teigstange in 8 Stücke schneiden, die einzelnen
    Teigstücke etwas flach drücken
    die Oberfläche mit
    Wasser bestreichen
    jeweils 4 Teigstücke in
Haferflocken drücken, 4 Teigstücke in eine
Mohn-Sesam-
    Mischung drücken, 4 Teigstücke in
Sonnenblumen-
    kerne drücken und 4 Teigstücke unbelegt lassen
    die Teigstücke auf ein gefettetes Backblech legen,
    nochmals gehen lassen, bis sie sich etwa verdoppelt
    haben, mit
    Wasser besprenkeln
    das Backblech in den vorgeheizten Backofen
    schieben

Strom: 200—225
Gas: Etwa 4
Backzeit: Etwa 35 Minuten.

Während des Backens eine Schale mit heißem Wasser auf den Boden des Backofens stellen.

Quarkbrötchen (Foto)

500 g Weizenmehl (Type 550)	in eine Rührschüssel geben, mit
1 Päckchen Trocken-Backhefe	sorgfältig vermischen
1 Teel. Zucker	
½ Teel. Salz	
250 g Speisequark	(evtl. auf einem Sieb abtropfen lassen)
50 g zerlassene lauwarme Margarine	
200 ml (⅕ l) lauwarmes Wasser	hinzufügen

die Zutaten mit einem Handrührgerät mit Knethaken zunächst auf niedrigster, dann auf höchster Stufe in etwa 5 Minuten zu einem glatten Teig verarbeiten an einem warmen Ort so lange gehen lassen, bis er etwa doppelt so hoch ist, den Teig mit Mehl bestäuben, aus der Schüssel nehmen, gut durchkneten aus dem Teig 10—12 runde Brötchen formen auf ein gefettetes Backblech legen die Brötchen mit

1 Eßl. Milch	bestreichen, nach Belieben mit
Kümmel	
Sesamsamen	
Mohn	bestreuen

nochmals so lange an einem warmen Ort gehen lassen, bis sie sich sichtbar vergrößert haben das Backblech in den Backofen schieben

Strom:	175—200 (vorgeheizt)
Gas:	5 Minuten vorheizen 3—4, backen 3—4
Backzeit:	20—25 Minuten.

Soja-Quark-Brötchen (16 Stück)

300 g Weizen	fein mahlen, mit
125 g Sojamehl	
1 Päckchen Trocken-Backhefe	sorgfältig vermischen
250 g Magerquark	
2 Eßl. Honig	

2 Eßl. Speiseöl **½ Teel. Salz** **250 ml (¼ l) lauwarme** **Milch**	hinzufügen alle Zutaten in der Küchenmaschine oder mit einem elektrischen Handrührgerät mit Knethaken zuerst auf der niedrigsten, dann auf der höchsten Stufe in etwa 5 Minuten zu einem glatten Teig verarbeiten kurz vor Beendigung der Knetzeit
1 gehäuften Eßl. **Sesamsaat** **25 g gehobelte** **Haselnußkerne**	unterarbeiten den Teig an einem warmen Ort so lange gehen lassen, bis er etwa doppelt so hoch ist, ihn dann auf der Tischplatte nochmals gut durchkneten, zu einer Rolle formen, in 16 Stücke schneiden, die Teigstücke rund formen, mit der Oberfläche zuerst in
Milch **1 ½-2 Eßl. Sesamsaat** **etwa 20 g gehobelten** **Haselnußkernen**	dann in ein Gemisch aus drücken, auf ein gefettetes Backblech legen abgedeckt an einem warmen Ort so lange gehen lassen, bis sie etwa doppelt so hoch sind das Backblech in den vorgeheizten Backofen schieben
Strom:	200—225, Gas: 3—4
Backzeit:	Etwa 25 Minuten.

Sonnenblumenkern-Brötchen (12—14 Stück)

300 g Weizen **200 g Roggen**	beide Zutaten fein mahlen, mit
1 Päckchen Trocken- **Backhefe** **1 Päckchen Sauerteig-** **Extrakt** **1 gehäuften Teel. Salz** **375 ml (⅜ l) lauwarmes** **Wasser**	sorgfältig vermischen hinzufügen alle Zutaten in der Küchenmaschine oder mit einem elektrischen Handrührgerät mit Knethaken zuerst auf der niedrigsten, dann auf der höchsten Stufe in etwa

80

	5 Minuten zu einem glatten Teig verarbeiten
	kurz vor Beendigung der Knetzeit
100 g in einer Pfanne	
geröstete (ohne Fett)	
Sonnenblumenkerne	unterarbeiten (1 Eßl. zum Garnieren zurückbehalten) den Teig an einem warmen Ort so lange gehen lassen, bis er etwa doppelt so hoch ist, ihn dann auf der Tischplatte nochmals gut durchkneten, zu einer Rolle formen, in 12—14 Stücke schneiden, jedes Teigstück rund formen auf ein gefettetes Backblech legen, mit
Wasser	bestreichen, die zurückgelassenen Sonnenblumenkerne auf den Brötchen verteilen, etwas andrücken abgedeckt an einem warmen Ort so lange gehen lassen, bis sie etwa doppelt so hoch sind das Backblech in den vorgeheizten Backofen schieben
Strom:	200—225, Gas: etwa 4,
Backzeit:	Etwa 30 Minuten.

Kürbisbrötchen (8 Stück)

450 g Kürbisfleisch	in Würfel schneiden, in
100 ml (¹/₁₀ l)	
Salzwasser	geben, zum Kochen bringen, gar kochen, abtropfen lassen
30 g frische Hefe	in
2—3 Eßl. Kürbis-	
wasser	auflösen, 15 Minuten warm stellen das abgekühlte Kürbisfleisch pürieren, mit
550 g gesiebtem	
Weizenmehl	verkneten, das Kürbiswasser mit der Hefe untermengen, den Teig mit den Händen kräftig durchkneten, bis er nicht mehr klebt und elastisch ist, wenn nötig, noch etwas
Weizenmehl	hinzufügen, zugedeckt an einem warmen Ort gehen lassen, bis der Teig sein Volumen verdoppelt hat
3 Eßl. Kürbiskerne	ohne Fett rösten, mit dem Teig verkneten, 8 Kugeln daraus formen, auf ein mit Back-Trennpapier belegtes Backblech geben, die Brötchen über Kreuz einschneiden, nochmals 15 Minuten gehen lassen das Blech in den vorgeheizten Backofen schieben
Strom:	Etwa 200, Gas: etwa 3
Backzeit	Etwa 20 Minuten

Croissants (16 Stück, Foto)

500 g Weizenmehl (Type 550)	in eine Schüssel sieben
1 gestrichenen Teel. Salz	
50 g Zucker	
50 g weiche Butter	hinzufügen
1 Würfel (42 g) Frischhefe	in
gut 300 ml lauwarmer Milch	auflösen, zu den übrigen Zutaten geben alle Zutaten in der Küchenmaschine oder mit einem elektrischen Handrührgerät mit Knethaken zuerst auf der niedrigsten, dann auf der höchsten Stufe in etwa 5 Minuten zu einem glatten Teig verkneten den Teig zu einem Rechteck von 60 x 40 cm ausrollen, mit
250 g weicher Butter	bestreichen, die Teigränder dabei etwa 2 cm frei lassen (Foto 1), die Teigseiten zur Mitte hin zusammenlegen, so daß beide Kanten aneinanderstoßen, dann den Teig von der längeren Seite her übereinanderschlagen (Foto 2) etwa 15 Minuten in den Kühlschrank legen den Teig noch zweimal zur obengenannten Größe ausrollen und zusammenlegen zwischen den einzelnen Vorgängen jeweils 15 Minuten im Kühlschrank ruhen lassen den Teig zu einem Rechteck von etwa 60 x 40 cm ausrollen, quer halberien, so daß 2 Rechtecke von

60 x 20 cm entstehen
die beiden Rechtecke in Dreiecke schneiden, mit
einer unteren Kantenlänge von etwa 15 cm
die Dreiecke so zu Hörnchen aufrollen, daß jeweils
die Spitze des Dreiecks oben daraufliegt (Foto 3)
die Teighörnchen auf 2 gefettete Backbleche legen
abgedeckt an einem warmen Ort gehen lassen, bis
sie etwa doppelt so groß sind
mit

Milch oder Kondens-
milch bestreichen
das Backblech in den vorgeheizten Backofen
schieben

Strom: 200—225
Gas: Etwa 4
Backzeit: 15—20 Minuten.

Tip: Die Croissants lassen sich gut einfrieren. Kurz vor
dem Servieren werden sie im Backofen aufgebacken.

Oliven-Brötchen
(etwa 12 Stück)

Aus

1 Beutel (500 g)
Backmischung
Weizen-Mischbrot
1 Beutel Hefe (aus der
Packung)
300 ml + 2 Eßl. lau-
warmem Wasser nach der Vorschrift auf der Packung einen Teig zubereiten
den Teig an einem warmen Ort so lange gehen lassen, bis er etwa doppelt so hoch ist

100 g schwarze Oliven
(trocken konserviert) entkernen, vierteln
100 g Walnußkerne grob hacken
den Teig auf der Tischplatte nochmals gut durchkneten, dabei die Olivenviertel und Walnußkerne unterkneten
den Teig zu einer Rolle formen, in 12 Stücke schneiden, jedes Teigstück zu einem ovalen Brötchen
formen
auf ein gefettetes Backblech legen

Wasser abgedeckt an einem warmen Ort nochmals so lange gehen lassen, bis die Teigstücke etwa doppelt so hoch sind, sie mit

Wasser bestreichen
das Backblech in den vorgeheizten Backofen schieben

Strom: Etwa 200
Gas: 3—4
Backzeit: 30—35 Minuten.

Schusterjungen
(10—12 Stück)

350 g Roggenmehl mit
175 g Weizenmehl in eine Schüssel sieben, mit
1 Päckchen Trocken-
Backhefe sorgfältig vermischen
1 Teel. Salz
375 ml lauwarmes
Wasser hinzufügen
alle Zutaten in der Küchenmaschine oder mit einem elektrischen Handrührgerät mit Knethaken zuerst auf der niedrigsten, dann auf der höchsten Stufe in etwa 5 Minuten zu einem glatten Teig verarbeiten
den Teig an einem warmen Ort so lange gehen lassen, bis er etwa doppelt so hoch ist, ihn dann auf der Tischplatte nochmals gut durchkneten, in 10—12 Stücke schneiden
die Teigstücke rund formen, auf ein gefettetes Backblech legen
abgedeckt an einem warmen Ort nochmals so lange gehen lassen, bis sie etwa doppelt so hoch sind mit

Wasser bestreichen, mit
Weizenmehl bestäuben
das Backblech in den vorgeheizten Backofen schieben

Strom: Etwa 225
Gas: Etwa 4
Backzeit: Etwa 25 Minuten.

Während des Backens eine Schale mit heißem Wasser auf den Boden des Backofens stellen.

Brötchen-Kranz (Foto)

250 g Roggenmehl
(Type 1150)
250 g Weizenmehl
(Type 1050)
2 gestrichene Teel. Salz
1 Beutel
Sauerteig-Extrakt
1 Päckchen
Trocken-Backhefe in einer Schüssel gut vermischen
375 ml (⅜ l) lau-
warmes Wasser
100 g lauwarmen Sirup hinzufügen
mit einem Handrührgerät mit Knethaken auf höchster Stufe in etwa 5 Minuten zu einem Teig verkneten, gehen lassen, den Teig mit
Weizenmehl bestäuben, aus der Schüssel nehmen, gut durchkneten
aus dem Teig 10 runde Brötchen formen, als Kranz
auf ein gefettetes Backblech legen
jedes Brötchen kreuzweise einschneiden, mit Wasser
bestreichen, die Brötchen nach Belieben mit
kernigen Flocken
Sesamsamen
Leinsamen
gehobelten
Haselnußkernen bestreuen
den Teig nochmals an einem warmen Ort gehen lassen, bis er sich sichtbar vergrößert hat, in den Backofen schieben
Strom: Etwa 175 (vorgeheizt)
Gas: 5 Minuten vorheizen 3—4, backen, 3—4
Backzeit: Etwa 30 Minuten.

Kastanien-Brötchen

20 g frische Hefe in
2 Eßl. lauwarmem
Wasser auflösen, 15 Minuten an einem warmen Ort gehen
lassen mit
300 g Weizen-
Vollkornmehl
etwa 125 ml (⅛ l)

lauwarmer Milch	
50 g Butter	
50 g Rübenkraut	
⅓ Teel. Salz	zu einem formbaren, geschmeidigen Teig verkneten, zugedeckt an einem warmen Ort so lange gehen lassen, bis er etwa doppelt so hoch ist
250 g Eßkastanien	oben kreuzweise einschneiden, in
kochendes Wasser	geben, 5—10 Minuten kochen lassen, bis sich die Einschnittstellen öffnen
	Kastanien schälen, vierteln
20 g Butter	zerlassen, Kastanien darin 5 Minuten braten, etwas abkühlen lassen, unter den Teig kneten kleine, runde Brötchen aus dem Teig formen, kreuzweise einschneiden, auf ein Backblech setzen, etwa 15 Minuten gehen lassen, in den vorgeheizten Backofen schieben
Strom:	180—200
Gas:	Etwa 2
Backzeit:	20—25 Minuten.

Corn-Muffins
(Foto)

250 g Maismehl	mit
1 gehäuften Teel.	
Backpulver	mischen
300 g lauwarmem	
Joghurt	mit
2 Eiern	
40 g zerlassener	
Butter	
1 Teel. Honig	
½ Teel. Salz	verrühren, mit dem Maismehl zu einem glatten Teig verrühren
50 g geschälte	
Kürbiskerne	grob hacken, unter den Teig ziehen
	6—8 Portionsbackförmchen ausfetten, Teig einfüllen, auf dem Rost auf der mittleren Schiene in den vorgeheizten Backofen schieben
Strom:	Etwa 200
Gas:	2—3
Backzeit:	Etwa 30 Minuten
	Corn-Muffins etwas abkühlen lassen, dann erst stürzen am besten noch warm mit frischer Butter servieren.

Kräuter-Brötchen

(Foto)

250 g Weizenmehl
(Type 550)
250 g Weizenmehl
(Type 1050)   in eine Rührschüssel geben
mit

1 Päckchen Trocken-
Backhefe   sorgfältig vermischen
1 Teel. Zucker
knapp 2 Teel. Salz
frisch
gemahlenen
Pfeffer
3 Eßl. Speiseöl
250 ml (¼ l)
lauwarmes
Wasser   hinzufügen
die Zutaten mit einem Handrührgerät mit Knethaken
zunächst auf niedrigster, dann auf höchster Stufe in
etwa 5 Minuten zu einem glatten Teig verarbeiten
gegen Ende der Knetzeit

2 Eßl.
frisch gehackte
Petersilie
2 Eßl.
feingeschnittenen
Schnittlauch
1 Eßl. gehackten Dill   unterkneten
den Teig an einem warmen Ort so lange gehen lassen, bis er etwa doppelt so hoch ist, mit Mehl bestäuben, aus der Schüssel nehmen, gut durchkneten
aus dem Teig etwa 12 runde Brötchen formen
auf ein gefettetes Backblech legen
die obere Seite der Brötchen kreuzweise etwa 1 cm
tief einschneiden
nochmals so lange an einem warmen Ort gehen lassen, bis sie sich sichtbar vergrößert haben

1 Eigelb   mit
1 Eßl. Wasser   verschlagen, die Brötchen damit bestreichen
das Backblech in den Backofen schieben

Strom: 175—200 (vorgeheizt)
Gas: 5 Minuten vorheizen 3—4, backen 3—4
Backzeit: Etwa 25 Minuten.

Frühstücksbrötchen

(8—10 Stück im Bratbeutel, Foto)

500 g Weizenmehl (Type 405)	in eine Schüssel sieben
2 gestrichene Teel. Salz	
6 Eßl. Speiseöl	hinzufügen
1 Würfel (42 g) Frischhefe	mit
1 Teel. Zucker	verrühren, in
300 ml lauwarmer Flüssigkeit (halb Milch, halb Wasser)	auflösen, zu dem Mehl geben

alle Zutaten in der Küchenmaschine oder mit dem elektrischen Handrührgerät mit Knethaken zuerst auf der niedrigsten, dann auf der höchsten Stufe in etwa 5 Minuten zu einem glatten Teig verarbeiten

den Teig an einem warmen Ort so lange gehen lassen, bis er etwa doppelt so hoch ist, ihn dann auf der Tischplatte nochmals gut durchkneten

aus dem Teig 8—10 Brötchen formen

jeweils 4—5 Brötchen in einen Bratbeutel legen, der auf dem Rost des Backofens liegt

die Bratbeutel verschließen (nicht einstechen)

die Brötchen nochmals einige Zeit gehen lassen

den Backrost in den vorgeheizten Backofen schieben

Strom:	Etwa 200
Gas:	3—4
Backzeit:	30—35 Minuten.

Hafer-Weizen-Brötchen

(mit und ohne Früchte)

175 g Hafer	mit
½ Teel. Anissamen	
1 gestrichenen Teel. Korianderkörnern	mischen, auf ein Backblech legen, in den vorgeheizten Backofen schieben, rösten
Strom:	Etwa 100
Gas:	Etwa 1
Röstzeit:	Etwa 45 Minuten

die Körner während des Röstens ab und zu wenden, abkühlen lassen

350 g Weizenkörner	fein mahlen
	mit
1 Päckchen Trocken-	
Backhefe	
1 gestrichenen Teel.	
Meersalz	sorgfältig mischen
1 Teel. Honig	
375 ml (³⁄₈ l)	
lauwarmes	
Wasser	hinzufügen

alle Zutaten in der Küchenmaschine oder mit einem
elektrischen Handrührgerät mit Knethaken zuerst auf
der niedrigsten, dann auf der höchsten Stufe in etwa
5 Minuten zu einem glatten Teig verarbeiten
den Teig halbieren, unter eine Teighälfte

250 g gewürfelte	
Trockenfrüchte (z. B.	
Pflaumen, Aprikosen,	
Birnen, Apfelringe,	
Korinthen,	
Weinbeeren)	
50 g gehackte	
Wal- oder	
Haselnußkerne	
2 Eßl. Wasser	kneten

beide Teige an einem warmen Ort so lange gehen lassen, bis sie etwa doppelt so hoch sind, die Teige
nochmals auf der Tischplatte gut durchkneten
aus dem Früchteteig 12 Brötchen und aus dem anderen Teig 8 Brötchen formen

Mohn	mit
geschälter	
Sesamsaat	mischen

alle Brötchen mit der Oberfläche in

Wasser	tauchen

die Früchtebrötchen mit der Oberfläche in

grobe Haferflocken	drücken

die Oberfläche der anderen Brötchen mit dem Mohn-
Sesam-Gemisch bestreuen
die Brötchen auf ein gefettetes Backblech legen
abgedeckt gehen lassen, bis sie sich etwa verdoppelt
haben
jedes Brötchen oben längs einschneiden
mit

Wasser	besprenkeln

das Backblech in den vorgeheizten Backofen schieben

Strom: 200—225
Gas: 3—4
Backzeiten: für die Mohn-Sesam-Brötchen: 30—35 Minuten
für die Früchtebrötchen: 35—40 Minuten.

Laugengebäck

**500 g Mehl
(Type 405)** in eine Schüssel sieben, mit
**1 Päckchen Trocken-
Backhefe** sorgfältig vermischen
**1 ½ Teel. Salz
knapp 375 ml (³/₈ l)
lauwarmes
Wasser** hinzufügen
die Zutaten in der Küchenmaschine oder mit einem
elektrischen Handrührgerät mit Knethaken zuerst auf
der niedrigsten, dann auf der höchsten Stufe in etwa
5 Minuten zu einem glatten Teig verarbeiten
den Teig an einem warmen Ort so lange gehen lassen, bis er etwa doppelt so hoch ist, ihn dann auf der
Tischplatte nochmals gut durchkneten
aus dem Teig kleine Brötchen, Stangen oder Brezeln
formen
1 ½ l Wasser zum Kochen bringen
**1 ½-2 Eßl.
Hausnatron
(Soda)** darin auflösen
das Gebäck nacheinander auf einer Schaumkelle
jeweils etwa 10 Sekunden in das Wasser halten,
abtropfen lassen
auf ein gefettetes Backblech legen
die einzelnen Gebäckstücke kreuzweise einschneiden
mit
**grobem Salz
Kümmel** bestreuen
das Backblech in den vorgeheizten Backofen
schieben

Strom: 200—225
Gas: Etwa 4
Backzeit: Etwa 25 Minuten.

Kurz vor Beendigung der Backzeit das Gebäck mit
Wasser bestreichen.

Brioche
(Foto)

Für den Vorteig

100 g Weizenmehl (Type 550) oder doppelgriffiges Mehl	in eine Schüssel sieben
50 g Frischhefe	mit
1 gestrichenen Teel. Zucker	
6 Eßl. lauwarmem Wasser	verrühren, bis sich die Hefe aufgelöst hat, zu dem Mehl geben, gut verrühren, evtl. noch etwas Wasser hinzugeben, den Teig an einem warmen Ort so lange gehen lassen, bis er etwa doppelt so hoch ist

für den Teig

400 g Weizenmehl (Type 550) oder doppelgriffiges Mehl	mit
50 g Puderzucker	in eine Schüssel sieben, mit
10 g Salz	vermengen
400 g weiche Butter	cremig rühren, nach und nach
6 Eier	unterschlagen, mit dem Mehlgemisch vermengen, den gegangenen Vorteig hinzufügen
	alles mit einem elektrischen Handrührgerät mit Knethaken zuerst auf der niedrigsten, dann auf der höchsten Stufe in etwa 5 Minuten zu einem Teig verarbeiten, eine gut gefettete Kastenform (32 x 10 cm) und Brioche-Form (Inhalt 1 l) oder kleine Brioche-Förmchen (Durchmesser etwa 8 cm) mit
Semmelmehl	ausstreuen
	den Teig auf die beiden Formen verteilen, nochmals so lange an einem warmen Ort gehenlassen (etwa 30 Minuten) bis er etwa doppelt so hoch ist
	die Formen auf dem Rost in den vorgeheizten Backofen schieben

Strom:	Etwa 200
Gas:	3—4
Backzeit für die großen Formen:	Etwa 40 Minuten
für die kleinen Formen:	Etwa 20 Minuten.

Gebackenes Lamm

(Foto)

375 g Weizenmehl **(Typ 1050 oder 405)**	in eine Schüssel sieben
125 g Weizen- **Vollkornmehl**	hinzufügen mit
1 Päckchen Trocken- **Backhefe**	sorgfältig vermischen
1 Teel. Zucker	mit
2 gestrichenen **Teel. Salz** **1½ Eiern** **50 g zerlassener** **Butter** **knapp 250 ml (¼ l)** **lauwarmem Wasser**	hinzufügen alle Zutaten mit einem elektrischen Handrührgerät mit Knethaken zuerst auf der niedrigsten, dann auf der höchsten Stufe in etwa 5 Minuten zu einem Teig verarbeiten, den Teig an einem warmen Ort so lange gehen lassen, bis er etwa doppelt so hoch ist ihn dann auf der höchsten Stufe nochmals gut durchkneten ein etwa faustgroßes Stück Teig für Kopf, Beine, Schwanz und Ohren des Lammes abnehmen, aus dem restlichen Teig etwa walnußgroße Kugeln formen, sie als Körper auf einem gefetteten Backblech zusammensetzen aus dem zurückgelassenen Teig Kopf, Beine, Schwanz und Ohren formen, an den Körper legen, den Teig nochmals an einem warmen Ort gehen lassen, bis er etwa doppelt so hoch ist, mit
½ verschlagenem Ei **abgezogenen,** **gestiftelten Mandeln**	bestreichen, den Lamm-Körper mit bestreuen als Augen
2 Rosinen oder **Korinthen**	in den Kopf drücken das Backblech in den vorgeheizten Backofen schieben
Strom:	200—225,
Gas:	Etwa 4
Backzeit:	Etwa 25 Minuten

Mund-Brötchen

(14 Stück, Foto)

300 g Weizenmehl (Type 405)	in eine Schüssel sieben mit
1 Päckchen Trocken-Backhefe	sorgfältig vermischen
1 gestrichenen Teel. Salz	
1 gestrichenen Teel. Zucker	
1 Eßl. Speiseöl	
200 ml (⅕ l) lauwarmes Wasser	hinzufügen alle Zutaten in der Küchenmaschine oder mit einem elektrischen Handrührgerät mit Knethaken zuerst auf der niedrigsten, dann auf der höchsten Stufe in etwa 5 Minuten zu einem glatten Teig verarbeiten den Teig an einem warmen Ort so lange gehen lassen, bis er etwa doppelt so hoch ist, ihn dann auf der Tischplatte nochmals gut durchkneten, zu einer Rolle formen, in 14 Stücke schneiden die 14 Teigstücke z. B. rund, oval, länglich, zu Brezeln oder Schnecken formen auf ein gefettetes Backblech legen abgedeckt an einem warmen Ort nochmals so lange gehen lassen, bis sie etwa doppelt so hoch sind
1 Ei Salz	mit verschlagen, die Brötchen damit bestreichen das Backblech in den vorgeheizten Backofen schieben die Brötchen während des Backens evtl. nochmals mit dem verschlagenen Ei bestreichen

Strom:	Etwa 200
Gas:	3—4
Backzeit:	Etwa 20 Minuten.

Tip:	Um zu verhindern, daß die Mund-Brötchen zu braun werden, sie gegen Ende der Backzeit mit Alufolie abdecken.

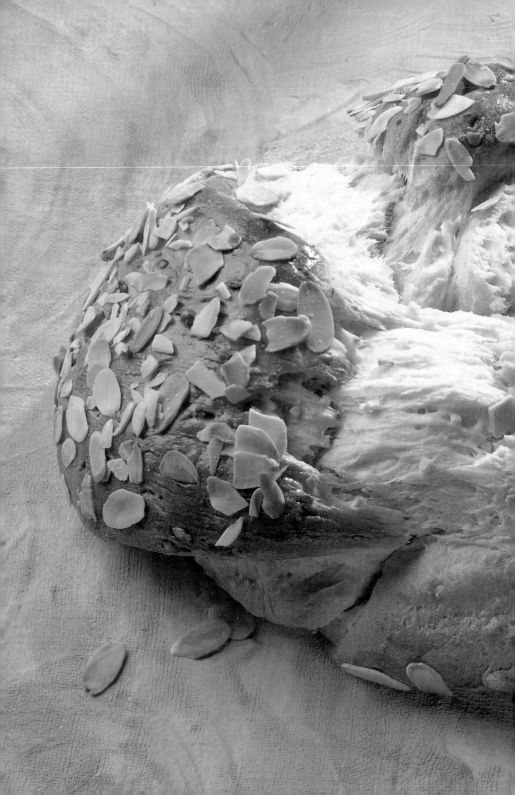

Süßes aus der Brot-Backstube

Mandelknoten (Foto S. 102/103)

500 g Weizenmehl (Type 550) in eine Schüssel sieben, mit
1 Päckchen Trocken-Backhefe sorgfältig vermischen
50 g Zucker
½ Teel. Salz
2 Eier
100 g weiche Butter
250 ml (¼ l) lauwarme Milch hinzufügen
alle Zutaten in der Küchenmaschine oder mit einem elektrischen Handrührgerät mit Knethaken zuerst auf der niedrigsten, dann auf der höchsten Stufe in etwa 5 Minuten zu einem glatten Teig verarbeiten
kurz vor Beendigung der Knetzeit

100 g abgezogene, gemahlene Mandeln
100 g abgezogene, gehackte Mandeln unterarbeiten (Foto 1)
den Teig an einem warmen Ort so lange gehen lassen, bis er etwa doppelt so hoch ist, ihn dann auf der Tischplatte gut durchkneten, zu einer Rolle von 60—70 cm Länge formen, die Rolle zu einem Knoten schlingen, die Enden unter den Teig legen (Foto 2)
abgedeckt an einem warmen Ort nochmals so lange gehen lassen, bis der Mandelknoten etwa doppelt so hoch ist, mit
Milch bestreichen, mit

abgezogenen,
gehobelten Mandeln bestreuen (Foto 3)
das Backblech in den vorgeheizten Backofen
schieben
Strom: Etwa 200, Gas: 3—4
Backzeit: 35—40 Minuten.

Hunza-Zopfbrot

20 g frische Hefe in
200 ml (⅕ l)
lauwarmen Wasser auflösen, 15 Minuten an einem warmen Ort gehen
lassen, mit
500 g Weizenvollkorn
schrot
(Type 1700)
200 ml (⅕ l)
lauwarmem Kefir
3 Eßl. Apfelkraut
1 Prise Salz
1 Teel. gemahlenem
Kardamom zu einem glatten Teig verkneten, mit einem Tuch
bedecken, etwa 2 Stunden gehen lassen, bis er um
die Hälfte seines Volumens zugenommen hat
50 g Rosinen verlesen
75 g eßfertige
Dörraprikosen in Streifen schneiden
50 g eßfertige
Dörräpfel in
Ringen halbieren, dann jede Ringhälfte in 4 Stücke
schneiden
den Teig in drei Portionen teilen, eine mit Rosinen,
eine mit Aprikosen, eine mit Äpfeln verkneten
auf der mit
Weizenmehl bestäubten Arbeitsfläche die drei Protionen zu drei
20 cm langen Rollen formen, diese zu einem Zopf
flechten, die Enden zu einer Kugel unterschlagen
auf ein mit Back-Trennpapier ausgelegtes Blech setzen, etwa 30 Minuten gehen lassen, auf dem Rost in
den vorgeheizten Backofen schieben
Strom: 200—225, Gas: 3—4
Backzeit: Etwa 1 Stunde
auf einem Kuchenrost etwas abkühlen lassen, dann
erst anschneiden.

Pudelmütze

500 g Weizenmehl (Type 1050)	in eine Schüssel sieben, mit
1 Päckchen Trocken-Backhefe	sorgfältig vermischen
50 g Zucker	
½ Teel. Salz	
1 Messerspitze Zimt	
1 Messerspitze Nelken	
1 Messerspitze Kardamom	
1 Ei	
100 g weiche Butter	
200 ml lauwarme Milch	hinzufügen

alle Zutaten in der Küchenmaschine oder mit einem elektrischen Handrührgerät mit Knethaken zuerst auf der niedrigsten, dann auf der höchsten Stufe in etwa 5 Minuten zu einem glatten Teig verarbieten
kurz vor Beendigung der Knetzeit

100 g gehackte Hasel-nußkerne	
100 g Korinthen	hinzufügen

den Teig an einem warmen Ort so lange gehen lassen, bis er etwa doppelt so hoch ist, ihn dann auf der Tischplatte nochmals gut durchkneten, zu einem runden Brotlaib formen
auf ein gefettetes Backblech legen
abgedeckt an einem warmen Ort nochmals so lange gehen lassen, bis er etwa doppelt so hoch ist
die Oberfläche rautenförmig einschneiden
den Brotlaib mit

Wasser	bestreichen

das Backblech in den vorgeheizten Backofen schieben

Strom:	175—200
Gas:	3—4
Backzeit:	Etwa 45 Minuten

80 g gesiebten Puder-zucker	mit
etwa 1 Eßl. Wasser	zu einer dickflüssigen Masse verrühren, das Brot sofort nach dem Backen noch heiß damit bestreichen.

Mürbes Kuchenbrot

500 g doppelgriffiges Weizenmehl (Type 405)	in eine Schüssel sieben mit
1 Päckchen Trocken-Backhefe	sorgfältig vermischen
50—75 g Zucker ½ Teel. Salz abgeriebene Schale von ½ Zitrone (unbehandelt) 100 g weiche Butter 250 ml (¼ l) lauwarme Milch	hinzufügen alle Zutaten in der Küchenmaschine oder mit einem elektrischen Handrührgerät mit Knethaken zuerst auf der niedrigsten, dann auf der höchsten Stufe in etwa 5 Minuten zu einem glatten Teig verarbeiten kurz vor Beendigung der Knetzeit
125 g Sultaninen	unterarbeiten den Teig an einem warmen Ort so lange gehen lassen, bis er etwa doppelt so hoch ist ihn dann auf der Tischplatte nochmals gut durchkneten zu einer Rolle formen, in eine gefettete Kastenform (30x11 cm) geben, etwas andrücken abgedeckt an einem warmen Ort so lange gehen lassen, bis der Teig etwa doppelt so hoch ist die Teigoberfläche längs einschneiden mit etwas von
15 g zerlassener Butter	bestreichen das Backblech in den vorgeheizten Backofen schieben

Strom:	Etwa 200
Gas:	3—4
Backzeit:	45—50 Minuten.

Während des Backens und am Ende der Backzeit das Brot mit der restlichen Butter bestreichen.

Anis-Zopf

125 g Weizenmehl (Type 405) 375 g Roggen-Backschrot (Type 1800)	in eine Rührschüssel geben mit
1 Päckchen Trocken-Backhefe ½ Teel. Zucker 2 gestrichene Teel. Salz 1 Ei 250 ml (¼ l) lauwarme Schlagsahne 100 ml lauwarmes Wasser	sorgfältig vermischen

125 g Weizenmehl
(Type 405)
375 g Roggen-
Backschrot
(Type 1800) in eine Rührschüssel geben
mit
1 Päckchen Trocken-
Backhefe sorgfältig vermischen
½ Teel. Zucker
2 gestrichene
Teel. Salz
1 Ei
250 ml (¼ l) lauwarme
Schlagsahne
100 ml lauwarmes
Wasser hinzufügen
die Zutaten mit einem Handrührgerät mit Knethaken
zunächst auf niedrigster, dann auf höchster Stufe in
etwa 5 Minuten zu einem glatten Teig verarbeiten
gegen Ende der Knetzeit
15 g Anis-Samen unterkneten
den Teig an einem warmen Ort so lange gehen lassen, bis er etwa doppelt so hoch ist, mit Mehl bestäuben, ihn dann auf der Tischplatte nochmals gut
durchkneten
aus ⅔ des Teiges 3 etwa 30 cm lange Rollen formen,
als Zopf auf ein gefettetes Backblech legen
von dem Rest des Teiges 2 etwa 35 cm lange Rollen
formen, umeinanderschlingen, auf den Zopf legen
diese Enden mit den Zopfenden etwas umschlagen
den Teig mit
Wasser bestreichen
mit
Anis-Samen bestreuen
den Teig nochmals so lange an einem warmen Ort
gehen lassen, bis er etwa doppelt so hoch ist
in den Backofen schieben

Strom: Etwa 200 (vorgeheizt)
Gas: 5 Minuten vorheizen 3—4, backen 3—4
Backzeit: Etwa 40 Minuten

sofort nach dem Backen das Brot mit
Wasser bestreichen.

Streuselbrot

500 g Weizenmehl (Type 550)	in eine Schüssel sieben mit
1 Päckchen Trocken-Backhefe	sorgfältig vermischen
1 gestrichenen Teel. Salz 50—75 g Zucker 1 Ei 125 g weiche Butter gut 150 ml lauwarme Milch	hinzufügen alle Zutaten in der Küchenmaschine oder mit einem elektrischen Handrührgerät mit Knethaken zuerst auf der niedrigsten, dann auf der höchsten Stufe in etwa 5 Minuten zu einem glatten Teig verarbeiten kurz vor Beendigung der Knetzeit
100 g abgezogene, gemahlene Mandeln	unterkneten den Teig an einem warmen Ort so lange gehen lassen, bis er etwa doppelt so hoch ist, ihn dann auf der Tischplatte nochmals gut durchkneten, zu einer Rolle formen in eine gefettete Kastenform (11x30 cm) legen

für die Streusel

140 g Weizenmehl 80 g weicher Butter 60 g Zucker	mit zu Streuseln verkneten die Teigrolle mit
Milch	bestreichen, mit den Streuseln dicht bestreuen, etwas andrücken abgedeckt an einem warmen Ort nochmals etwa 30 Minuten gehen lassen das Backblech in den vorgeheizten Backofen schieben

Strom:	175—200
Gas:	3—4
Backzeit:	Etwa 45 Minuten.

Würziges Adventbrot

400 g Weizen
100 g Dinkel
100 g Buchweizen
4 Pimentkörner
2 Teel. Koriander
2 Teel. Anissamen
2 Teel. Fenchelsamen

alle Zutaten fein mahlen, mit

200 g Roggenmehl
100 g Sojamehl
2 Päckchen Trocken-Backhefe
2 Päckchen Sauerteig-Extrakt
1 Teel. gemahlenen Nelken
1 Teel. gemahlener Muskatblüte
1 Messerspitze gemahlenem Ingwer
1 Teel. Salz

sorgfältig vermischen

4—5 Eßl. (150—175 g) Rübenkraut (Sirup)
100 g weiche Butter
500 ml (½ l) lauwarmes Wasser

hinzufügen
alle Zutaten in der Küchenmaschine zuerst auf der niedrigsten, dann auf der höchsten Stufe in etwa 5 Minuten zu einem glatten Teig verarbeiten kurz vor Beendigung der Knetzeit

200 g große Weinbeeren
100 g grobgehackte Walnußkerne

unterarbeiten
den Teig an einem warmen Ort so lange gehen lassen, bis er etwa doppelt so hoch ist, ihn dann auf der Tischplatte nochmals gut durchkneten, zu einem ovalen Brotlaib formen, auf ein gefettetes Backblech legen
mit

Wasser

bestreichen, mit

gehobelten Haselnußkernen

bestreuen

abgedeckt an einem warmen Ort nochmals so lange
gehen lassen, bis er etwa doppelt so hoch ist
das Backblech in den vorgeheizten Backofen
schieben

Strom: 175—200
Gas: Etwa 3
Backzeit: Etwa 70 Minuten.

Mürbe Wickel-Brötchen
(12 Stück)

500 g Weizenmehl
(Type 405) in eine Schüssel sieben
50 g Zucker
½ Teel. Salz
1 Ei
250 g weiche Butter in
Flöckchen hinzufügen
1 Würfel (42 g)
Frischhefe in
125 ml (⅛ l)
lauwarmer Milch bröckeln
1 Teel. Zucker hinzufügen, gut verrühren, bis sich die Hefe völlig
aufgelöst hat, zu den übrigen Zutaten geben
alle Zutaten in der Küchenmaschine oder mit einem
elektrischen Handrührgerät mit Knethaken zuerst auf
der niedrigsten, dann auf der höchsten Stufe in etwa
5 Minuten zu einem glatten Teig verarbeiten
sollte der Teig kleben, evtl. noch etwas
Weizenmehl unterkneten, den Teig sofort weiter verarbeiten
den Teig zu einem Rechteck von 28x45 cm formen,
dieses in Rechtecke von 7x15 cm schneiden
die Rechtecke von der kürzeren Seite her aufrollen
auf ein gefettetes Backblech legen
abgedeckt an einem warmen Ort so lange gehen lassen, bis sie etwa doppelt so hoch sind, mit
Kondensmilch bestreichen, mit
Hagelzucker bestreuen
das Backblech in den vorgeheizten Backofen
schieben

Strom: Etwa 200
Gas: 3—4
Backzeit: Etwa 25 Minuten.

111

Früchtebrote
(4 Stück, Foto)

250 g getrocknete Birnen	in
500 ml (½ l) Wasser	über Nacht einweichen, abtropfen lassen, die Flüssigkeit auffangen
	die Birnen mit
375 g Feigen	
125 g getrockneten Bananen	
125 g getrockneten Aprikosen	
375 g getrockneten Pflaumen (ohne Stein)	in kleine Würfel schneiden
100 g Zitronat	
100 g Orangeat	
	beide Zutaten in Würfel schneiden
	mit
125 g Korinthen	
250 g Weinbeeren	
75 g Sonnenblumenkernen (geschält)	
50 g Kürbiskernen	
100 g grobgehackten Haselnußkernen	
100 g grobgehackten Walnußkernen	zu den gewürfelten Früchten geben, mit
200–250 ml (⅕-¼ l) Obstler oder weißem Rum	übergießen, über Nacht durchziehen lassen
500 g Weizen	mit
200 g Roggen	
2 Teel. Koriander	
1 Teel. Anissamen	
1 Teel. Fenchel	fein mahlen
2 Teel. gemahlenen Zimt	
1 Teel. gemahlene Nelken	
1 gestrichenen Teel. gemahlene Muskatblüte	
abgeriebene Schale von	

1 Zitrone (unbehandelt) 300 g Weizenmehl (Type 550 oder 1050) 2 Päckchen Trocken-Backhefe 2 Päckchen Sauerteig-Extrakt	sorgfältig vermischen
2 gestrichene Teel. Salz	hinzufügen
	die Birneneinweichflüssigkeit mit
Wasser	auf 625 ml auffüllen, lauwarm erwärmen, hinzufügen alle Zutaten (ohne Früchte) in der Küchenmaschine oder mit einem elektrischen Handrührgerät mit Knethaken zuerst auf der niedrigsten, dann auf der höchsten Stufe in etwa 5 Minuten zu einem glatten Teig verarbeiten den Teig an einem warmen Ort so lange gehen lassen, bis er etwa doppelt so hoch ist die gewürfelten Früchte leicht mit
Weizenmehl	bestäuben mit dem gewürfelten Zitronat und Orangeat unterarbeiten den Teig in 4 Teile schneiden, zu ovalen Brotlaiben formen die Brotlaibe auf ein gefettetes Backblech legen abgedeckt an einem warmen Ort nochmals so lange gehen lassen, bis sie etwa doppelt so hoch sind die Brotlaibe mit
Wasser	bestreichen das Backblech in den vorgeheizten Backofen schieben

Strom:	175—200
Gas:	3—4
Backzeit:	Etwa 1 1/4 Stunden

Tip:	Die gut ausgekühlten Brote in Cellophan oder Frischhaltefolie verpacken. Die Früchte und Nüsse können beliebig zusammengestellt werden, nur die Gesamtmenge sollte in der angegebenen Höhe bleiben. Der Alkohol dient zur Konservierung.

Während des Backens eine Schale mit heißem Wasser auf den Boden des Backofens stellen.

Osterbrot

500 g Weizenmehl (Type 550)	in eine Schüssel sieben
1 gehäuften Eßl. Zucker	
1 gestrichenen Teel. Salz	
2 Eier	
1 Eiweiß	
125 g weiche Butter	hinzufügen
1 Döschen Safran	in
125 ml (⅛ l) lauwarmer Milch	auflösen, etwas abkühlen lassen
1 Würfel (42 g) Frischhefe	hineinbröckeln, darin auflösen, zu den übrigen Zutaten geben
	alle Zutaten in der Küchenmaschine oder mit einem elektrischen Handrührgerät mit Knethaken zuerst auf der niedrigsten, dann auf der höchsten Stufe in etwa 5 Minuten zu einem glatten Teig verarbeiten
	kurz vor Beendigung der Knetzeit
150 g Sultaninen	
100 g Korinthen	
100 g gehackte Mandeln	
50 g gewürfeltes Zitronat	unterarbeiten
	den Teig an einem warmen Ort so lange gehen lassen, bis er etwa doppelt so hoch ist, ihn dann auf der Tischplatte nochmals gut durchkneten, zu einem runden Brot formen
	auf ein gefettetes Backblech legen
	die Teigoberfläche kreuzförmig einschneiden
	den Brotlaib abgedeckt an einem warmen Ort nochmals so lange gehen lassen, bis er etwa doppelt so hoch ist
1 Eigelb 1 Eßl. Milch	verschlagen, den Brotlaib damit bestreichen
	das Backblech in den vorgeheizten Backofen schieben

Strom:	175—200
Gas:	3—4
Backzeit:	Etwa 45 Minuten.

Plunder-Brötchen

(16 Stück)

1 Päckchen (300 g) Tiefkühl-Blätterteig	die Scheiben einzeln auf ein Küchentuch legen, abgedeckt auftauen lassen
375 g Weizenmehl (Type 405)	in eine Schüssel sieben mit
1 Päckchen Trocken-Backhefe 1 gestrichenen Teel. Salz 1 gehäuften Eßl. Zucker 1—2 Eßl. Speiseöl gut 150 ml lauwarmes Wasser oder Milch	sorgfältig vermischen

hinzufügen
alle Zutaten in der Küchenmaschine oder mit einem elektrischen Handrührgerät mit Knethaken zuerst auf der niedrigsten, dann auf der höchsten Stufe in etwa 5 Minuten zu einem glatten Teig verarbeiten
den Teig an einem warmen Ort so lange gehen lassen, bis er etwa doppelt so hoch ist, ihn dann auf der Tischplatte nochmals gut durchkneten, zu einem Rechteck von 35x50 cm ausrollen
die Blätterteig-Platten auf eine Teighälfte legen, dabei die Teigränder frei lassen, die andere Teighälfte darüberschlagen, die Teigränder gut andrücken, zur vorherigen Größe (35x50 cm) ausrollen, nochmals übereinanderschlagen und zu einem Rechteck von 60x30 cm ausrollen
das Rechteck in Streifen von 7,5x15 cm schneiden
die Streifen von der kürzeren Seite her aufrollen
auf ein gefettetes Backblech legen
abgedeckt an einem warmen Ort nochmals etwa 30 Minuten gehen lassen, mit

Kondensmilch bestreichen, mit

abgezogenen, gehobelten Mandeln bestreuen
das Backblech in den vorgeheizten Backofen schieben

Strom:	Etwa 225
Gas:	Etwa 4
Backzeit:	Etwa 25 Minuten.

Kalifenbrot

600 g doppelgriffiges Weizenmehl oder Weizenmehl (Type 405)	in eine Schüssel sieben, in die Mitte eine Vertiefung eindrücken mit
1 Würfel (42 g) Frischhefe 1 Teel. Zucker 4 Eßl. lauwarmer Milch	verrühren, an einem warmen Ort gehen lassen, bis die Hefe gut gegangen und die Oberfläche rissig ist
1 Päckchen Safran 1 ½—2 Eßl. heißer Milch	in auflösen mit
1 Messerspitze gemahlenem Kardamom 1 Messerspitze gemahlenem Koriander abgeriebener Schale von ½—1 Zitrone (unbehandelt) 30 g weicher Butter 1 Becher (150 g) Crème fraîche 60 g Zucker 1 Teel. Salz	hinzufügen alle Zutaten in der Küchenmaschine oder mit einem elektrischen Handrührgerät mit Knethaken zuerst auf der niedrigsten, dann auf der höchsten Stufe in etwa 5 Minuten zu einem glatten Teig verarbeiten, zuletzt
125 g große, dunkle Weinbeeren	unterkneten den Teig an einem warmen Ort so lange gehen lassen, bis er etwa doppelt so hoch ist, ihn dann auf der Tischplatte nochmals gut durchkneten (evtl. noch etwas Weizenmehl unterkneten) von dem Teig ein Stück in Brötchengröße abnehmen aus dem restlichen Teig eine Kugel formen, sie auf

	ein gefettetes Backblech setzen, in die Mitte ein Vertiefung drücken
1 Eigelb	mit
1 Eßl. Milch	verschlagen, etwas davon in die Vertiefung streichen, das zurückgelassene Teigstück rund formen und in die Vertiefung legen, ganz mit dem verschlagenen Ei bestreichen, die dicke Teigkugel schräg einschneiden, abgedeckt an einem warmen Ort nochmals so lange gehen lassen, bis sie etwa doppelt so hoch ist das Backblech in den vorgeheizten Backofen schieben

Strom:	175—200
Gas:	Etwa 3
Backzeit:	Etwa 40 Minuten.

Tip:	Das Brot evtl. nach gut der Hälfte Backzeit mit Pergamentpapier oder Alufolie abdecken, damit es nicht zu dunkel wird.

Während des Backens eine Schale mit heißem Wasser auf den Boden des Backofens stellen.

Hefeteig-Figuren
(für 8—10 Stutenkerle oder
8 Martinsgänse oder Brötchen, Foto)

500 g Weizenmehl (Type 550)	in eine Schüssel sieben mit
1 Päckchen Trocken-Backhefe	sorgfältig vermischen
2 Eßl. Zucker	
1 gestrichenen Teel. Salz	
1 Ei	
1 Eiweiß	
100 g zerlassene, abgekühlte Butter oder Margarine	
gut 125 ml (1/8 l) lauwarme Milch	hinzufügen alle Zutaten in der Küchenmaschine oder mit einem

▶

elektrischen Handrührgerät mit Knethaken zuerst auf der niedrigsten, dann auf der höchsten Stufe in etwa 5 Minuten zu einem glatten Teig verarbeiten
den Teig an einem warmen Ort so lange gehen lassen, bis er etwa doppelt so hoch ist, ihn dann auf der Tischplatte nochmals gut durchkneten

für die Stutenkerle
(8—10 Stück)
den Teig etwa 1 cm dick ausrollen, aus Pappe eine Stutenkerl-Schablone (etwa 18 cm hoch und gut 8 cm breit) ausschneiden, auf den Teig legen, Stutenkerle ausschneiden, auf ein gefettetes Backblech legen, als Augen

Rosinen oder Korinthen	eindrücken
1 Eigelb	mit
1—2 Eßl. Milch	verschlagen, die Stutenkerle damit bestreichen
8—10 Tonpfeifen (vom Bäcker)	in die Stutenkerle drücken, sie auf ein gefettetes Backblech legen

abgedeckt nochmals etwa 20 Minuten gehen lassen
das Backblech in den vorgeheizten Backofen schieben

Strom:	Etwa 200
Gas:	3—4
Backzeit:	15—20 Minuten

für die Martinsgänse
(etwa 8 Stück)
den Teig knapp 1 cm dick ausrollen, mit Hilfe einer Pappschablone Gänse - Körperlänge etwa 14 cm, Körperbreite etwa 10 cm und Gesamthöhe etwa 20 cm - ausschneiden, die Gänse auf ein gefettetes Backblech legen

1 Eigelb	mit
1—2 Eßl. Milch	verschlagen, die Gänse damit bestreichen
Rosinen	als Augen eindrücken, die Gänse mit
Hagelzucker	bestreuen

abgedeckt an einem warmen Ort nochmals etwa 20 Minuten gehen lassen
das Backblech in den vorgeheizten Backofen schieben

Strom:	Etwa 200
Gas:	3—4
Backzeit:	15—20 Minuten.

Quarkbrot

350 g Weizenmehl (Type 405)	in eine Schüssel sieben, mit
1 Päckchen Trocken-Backhefe	sorgfältig vermischen
1 gestrichenen Teel. Salz	
abgeriebene Schale von 1 Zitrone (unbehandelt)	
125 g Zucker	
2 Eier	
125 g weiche Butter	
125 g Magerquark	
2—3 Eßl. lauwarme Milch	hinzufügen

alle Zutaten in der Küchenmaschine oder mit einem elektrischen Handrührgerät mit Knethaken zuerst auf der niedrigsten, dann auf der höchsten Stufe in etwa 5 Minuten zu einem glatten Teig verarbeiten kurz vor Beendigung der Knetzeit

125 g Sultaninen unterarbeiten

den Teig an einem warmen Ort so lange gehen lassen, bis er etwa doppelt so hoch ist, ihn dann auf der Tischplatte gut durchkneten, zu einem Stollen formen (Teig zu einem Oval formen, eine Längsseite etwas flachrollen) mit

Wasser bestreichen, die andere Längsseite darüber schlagen auf ein gefettetes Backblech legen abgedeckt an einem warmen Ort nochmals so lange gehen lassen, bis der Brotlaib etwa doppelt so hoch ist das Backblech in den vorgeheizten Backofen schieben

Strom:	175—200
Gas:	3—4
Backzeit:	45—50 Minuten

das Quarkbrot sofort nach dem Backen mit

40 g zerlassener Butter bestreichen, mit einem

Zimt-Zucker-Gemisch bestreuen.

Saftige Rosinen-Brötchen

(Etwa 14 Stück)

150 g (etwa 4 mittelgroße) Kartoffeln waschen, in wenig Wasser zum Kochen bringen, gar kochen, heiß pellen, durch eine Kartoffelpresse drücken

500 g Weizenmehl (Type 405) mit
1 Päckchen Trocken-Backhefe hinzufügen, die 3 Zutaten sorgfältig miteinander vermischen

50 g Zucker
1/2 Teel. Salz
125 g weiche Butter
200 ml (1/5 l) lauwarme Milch hinzufügen
alle Zutaten in der Küchenmaschine oder mit einem elektrischen Handrührgerät mit Knethaken zuerst auf der niedrigsten, dann auf der höchsten Stufe in etwa 5 Minuten zu einem glatten Teig verarbeiten
kurz vor Beendigung der Knetzeit

100 g Sultaninen unterarbeiten
den Teig an einem warmen Ort so lange gehen lassen, bis er etwa doppelt so hoch ist, ihn dann auf der Tischplatte nochmals gut durchkneten, zu einer Rolle formen, in 14 Stücke schneiden
die Teigstücke rund formen, auf ein gefettetes Backblech legen
abgedeckt an einem warmen Ort nochmals so lange gehen lassen, bis sie etwa doppelt so hoch sind
mit

Kondensmilch bestreichen
das Backblech in den vorgeheizten Backofen schieben

Strom: Etwa 200
Gas: 3—4
Backzeit: Etwa 30 Minuten.

Während des Backens eine Schale mit heißem Wasser auf den Boden des Backofens stellen.

122

Mandel-Möhrenbrot

(Foto)

300 g Möhren	putzen, schrappen, waschen, raspeln, mit dem
Saft von ½ Zitrone	beträufeln
500 g Weizen	fein mahlen
	mit
1 Päckchen Trocken-Backhefe	sorgfältig vermischen
3 Eßl. Weizen-Vollkornflocken	
100 g gemahlene Mandeln	
1 Teel. Meersalz	
3 Eßl. Honig	
100 g weiche Butter	
1 Ei	
100 ml lauwarmes Wasser	hinzufügen

alle Zutaten in der Küchenmaschine oder mit dem elektrischen Handrührgerät mit Knethaken zuerst auf der niedrigsten, dann auf der höchsten Stufe in etwa 5 Minuten zu einem glatten Teig verarbeiten während des Knetens die Möhren und dann

150 g Sultaninen hinzufügen

den Teig an einem warmen Ort so lange gehen lassen, bis er etwa doppelt so hoch ist ihn dann mit einem Holzlöffel nochmals gut durcharbeiten eine gut gefettete Dekoramik-Auflaufform mit der Hälfte von

40 g abgezogenen Mandeln ausstreuen, den Teig hineingeben, die restlichen Mandeln darauf verteilen, etwas andrücken den Teig abgedeckt an einem warmen Ort nochmals so lange gehen lassen, bis er etwa doppelt so hoch ist die Form auf dem Rost in den vorgeheizten Backofen schieben

Strom:	200—225
Gas:	Etwa 4
Backzeit:	50—55 Minuten.

Während des Backens eine Schale mit heißem Wasser auf den Boden des Backofens stellen.

Kokosbrötchen
(18—20 Stück)

400 g Weizenmehl (Type 550)	in eine Schüssel sieben
100 g Sojamehl	hinzufügen
	mit
1 Päckchen Trocken-Backhefe	sorgfältig vermischen
250 g Magerquark	
50 g Zucker	
1 Ei	
abgeriebene Schale von 1 Zitrone (unbehandelt)	
125 g weiche Butter	
etwa 100 ml lauwarme Milch	hinzufügen

alle Zutaten in der Küchenmaschine oder mit einem elektrischen Handrührgerät mit Knethaken zuerst auf der niedrigsten, dann auf der höchsten Stufe in etwa 5 Minutenzu einem glatten Teig verarbeiten
kurz vor Beendigung der Knetzeit

175 g ohne Fett geröstete Kokosraspeln
100 g Weinbeeren unterarbeiten
den Teig an einem warmen Ort so lange gehen lassen, bis er etwa doppelt so hoch ist, ihn dann auf der Tischplatte nochmals gut durchkneten, in 18—20 Stücke schneiden
jedes Teigstück rund formen
auf ein gefettetes Backblech legen
mit

Milch bestreichen
mit

Kokosraspeln bestreuen
abgedeckt an einem warmen Ort nochmals so lange gehen lassen, bis sie etwa doppelt so hoch sind
das Backblech in den vorgeheizten Backofen schieben

Strom:	Etwa 200
Gas:	3—4
Backzeit:	Etwa 30 Minuten.

Rosinen-Quarkbrötchen
(etwa 20 Stück)

100 g dunkle Rosinen (Weinbeeren) etwas heißem Wasser	nach Belieben in quellen lassen
500 g Weizen	fein mahlen mit
1 Päckchen Trocken-Backhefe	sorgfältig vermischen
250 g Magerquark 150 g weiche Butter 2 Eier 2—3 Eßl. Honig abgeriebene Schale von ½-1 Zitrone (unbehandelt) 1 Messerspitze gemahlenen Zimt ½ Teel. Meersalz 4—5 Eßl. lauwarmes Wasser	hinzufügen alle Zutaten in der Küchenmaschine oder mit einem elektrischen Handrührgerät mit Knethaken zuerst auf der niedrigsten, dann auf höchster Stufe in etwa 5 Minuten zu einem glatten Teig verarbeiten, zum Schluß die abgetropften Rosinen unterkneten den Teig an einem warmen Ort so lange gehen lassen, bis er etwa doppelt so hoch ist, ihn dann auf der Tischplatte nochmals gut durchkneten zu einer Rolle formen, in 20 Stücke schneiden jedes Teigstück zu einem runden Brötchen formen, etwas flach drücken die Brötchen auf ein gefettetes Backblech legen abgedeckt an einem warmen Ort gehen lassen, bis sie etwa doppelt so hoch sind
1 Eigelb 1 Eßl. Milch	mit verschlagen, die Brötchen damit bestreichen das Backblech in den vorgeheizten Backofen schieben

Strom:	180—200
Gas:	3—4
Backzeit:	30—35 Minuten.

127

Hefezopf

(Foto)

500 g Weizen 1 Teel. Anissamen 1 Teel. Koriander 1 Päckchen Trocken- Backhefe ½ Teel. Salz 3 Eßl. Honig 1 Ei 1 Eiweiß 75 g weiche Butter 125 ml (⅛ l) lauwarme Milch	fein mahlen, mit sorgfältig vermischen hinzufügen alle Zutaten in der Küchenmaschine oder mit einem elektrischen Handrührgerät mit Knethaken zuerst auf der niedrigsten, dann auf der höchsten Stufe in etwa 5 Minuten zu einem glatten Teig verarbeiten kurz vor Beendigung der Knetzeit
125 g Rosinen 100 g Korinthen 100 g gehackte Mandeln	unterarbeiten den Teig an einem warmen Ort so lange gehen lassen, bis er etwa doppelt so hoch ist, ihn dann auf der Tischplatte nochmals gut durchkneten, in 3 Teile schneiden die 3 Teigstücke zu Rollen von jeweils etwa 40 cm Länge formen, zu einem Zopf flechten, die Teigenden nach innen umschlagen den Zopf auf ein gefettetes Backblech legen
1 Eigelb 1 Eßl. Milch	mit verschlagen, den Zopf damit bestreichen abgedeckt an einem warmen Ort so lange gehen lassen, bis er etwa doppelt so hoch ist das Backblech in den vorgeheizten Backofen schieben

Strom:	175—200
Gas:	3—4
Backzeit:	Etwa 45 Minuten.

Tip:	Sollte der Zopf zu stark bräunen, ihn gegen Ende der Backzeit mit Alufolie abdecken.

Hefeteig-Figuren
(Schildkröten, Osterhasen, Osternester)

125 g Weizen 375 g Weizenmehl (Type 1050 oder 550) 1 Päckchen Trocken- Backhefe 1 Teel. Zucker 1 Teel. Salz 1 Ei 1 Eiweiß 100 g weiche Butter gut 125 ml (⅛ l) lau- warme Milch	fein mahlen, mit

fein mahlen, mit

sorgfältig vermischen

hinzufügen
alle Zutaten in der Küchenmaschine oder mit einem elektrischen Handrührgerät mit Knethaken zuerst auf der niedrigsten, dann auf der höchsten Stufe in etwa 5 Minuten zu einem glatten Teig verarbeiten
den Teig an einem warmen Ort so lange gehen lassen, bis er etwa doppelt so hoch ist, ihn dann auf der Tischplatte nochmals gut durchkneten, in Stücke teilen und zu Schildkröten, Hasen und/oder Nestern formen

für Schildkröten
den Teig zu einer Rolle formen, in so viele Stücke schneiden, wie Schildkröten gewünscht werden (1 Teigstück zum Formen der Beine beiseite legen)
die übrigen Teigstücke rund formen, für den Kopf etwas Teig herausziehen
aus dem Teigstück für die Beine bleistiftdicke Rollen formen, in etwa 4 cm lange Stücke schneiden, jeweils 4 Stück unter jeden Körper legen, etwas andrücken
die Schildkröten auf ein gefettetes Backblech legen
für den Panzer der Schildkröte den Körper rundherum einschneiden und die Oberfläche rautenförmig einschneiden
abgedeckt an einem warmen Ort nochmals so lange gehen lassen, bis sich die Teigstücke etwa verdoppelt haben

1 Eigelb mit
1—2 Eßl. Milch verschlagen, die Schildkröten damit bestreichen
das Backblech in den vorgeheizten Backofen schieben

Strom:	Etwa 200
Gas:	3—4
Backzeit:	25—30 Minuten.

für Osterhasen (5 Stück)
die Hälfte des Teiges knapp 1 cm dick ausrollen
mit Osterhasen-Ausstechformen (etwa 16 cm hoch)
5 Osterhasen ausstechen

1 Eigelb mit
2 Eßl. Milch verschlagen, die Osterhasen damit bestreichen
in die Mitte jedes Hasens eines von

10 gekochen Eiern
(etwa 8 Minuten
gekocht) legen, etwas andrücken

für Osternester
die andere Hälfte des Teiges knapp 1 cm dick ausrollen, mit Hilfe einer Papp-Schablone 5 Ovale (etwa
12 cm in der Länge) ausschneiden
mit

verschlagenem Eigelb bestreichen
auf jedes Teig-Oval 1 gekochtes Ei legen
die Teigreste verkneten, ausrollen, zu 5 Streifen
(etwa 20 cm lang und 1/2-1 cm breit) schneiden
um jedes Ei auf dem Teig-Oval einen Streifen legen,
etwas andrücken, mit

verschlagenem Eigelb bestreichen
die Osterhasen nach Belieben mit

Sesamsaat oder
Mohn bestreuen
Korinthen als Augen eindrücken, die Eier mit kleinen Alufolien-
stücken bedecken
Osterhasen und -nester auf ein gefettetes Backblech
legen
abgedeckt an einem warmen Ort nochmals etwa 20
Minuten gehen lassen
das Backblech in den vorgeheizten Backofen
schieben

Strom:	Etwa 200
Gas:	3—4
Backzeit:	15—20 Minuten

Tip: Die gebackenen Osterhasen und Osternester erkalten lassen.
Nach Belieben die Eier bunt anmalen, jedem Osterhasen eine Schleife um den Hals binden.

Gefülltes: Innen saftig — außen kroß

Kosaken-Brötchen

(10—11 Stück, Foto S. 132/133)

125 g Roggen-Backschrot	mit
375 g Weizenmehl (Type 1050)	
1 Teel. Salz	in eine Schüssel geben
1 Würfel (42 g) Frischhefe	in
300 ml lauwarmem Wasser	auflösen (Foto 1), mit
40 g weicher Butter oder Schmalz	zu dem Mehl-Gemisch geben

alle Zutaten in der Küchenmaschine oder mit dem elektrischen Handrührgerät mit Knethaken zuerst auf der niedrigsten, dann auf der höchsten Stufe in etwa 5 Minuten zu einem glatten Teig verarbeiten
den Teig an einem warmen Ort so lange gehen lassen, bis er etwa doppelt so hoch ist

für die Füllung

1 Brötchen vom Vortage	in
Wasser	einweichen, gut ausdrücken, in
500 g Gehacktem (halb Rind-, halb Schweinefleisch)	in eine Schüssel geben
1 Zwiebel	abziehen, würfeln
3 Eßl. gemischten,	

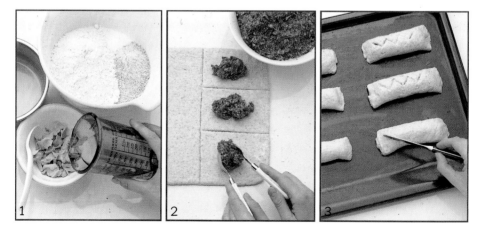

134

gehackten Kräutern
2 Eiern hinzufügen, mit
Salz, Pfeffer
Paprika edelsüß würzen, gut durchkneten

den gegangenen Teig auf der Tischplatte nochmals gut durchkneten

in 2 Hälften teilen, jede Hälfte zu einem Rechteck von 30x36 cm ausrollen, dann in Rechtecke von 12x15 cm schneiden

die Füllung auf die Teigstücke verteilen, dabei einen etwa 1 ½ cm breiten Rand frei lassen (Foto 2)

die Ränder mit Wasser bestreichen

die Teigstücke von der längeren Seite her aufrollen, an den Schnittflächen fest andrücken

mit der Nahtstelle nach unten auf ein gut gefettetes Backblech legen

abgedeckt so lange gehen lassen, bis die Teigstücke doppelt so hoch sind

die Oberfläche der Teigstücke mit
Kondensmilch bestreichen, zick-zackförmig einschneiden (Foto 3)

das Backblech in den vorgeheizten Backofen schieben

Strom: 200—225
Gas: Etwa 4
Backzeit: 30—35 Minuten.

Spanisches Brot

Für den Teig

250 g Weizen-
Vollkornmehl
(Type 1700)
250 g Weizenmehl
(Type 405) in eine Rührschüssel geben, mit
1 Päckchen Trocken-
Backhefe sorgfältig vermischen
1 Teel. Zucker
2 Teel. Salz
250 ml (¼ l) lauwarme
Milch hinzufügen

die Zutaten mit einem Handrührgerät mit Knethaken zunächst auf niedrigster, dann auf höchster Stufe in etwa 5 Minuten zu einem glatten Teig verarbeiten, an einem warmen Ort so lange gehen lassen, bis er etwa doppelt so groß ist

für die Füllung

500 g Hähnchenbrust- **filet**	unter fließendem kalten Wasser abspülen, trocken- tupfen
25 g Margarine	erhitzen, das Fleisch von beiden Seiten darin anbra- ten, herausnehmen
1 kleine Zwiebel	abziehen
1 kleine grüne Paprika- **schote**	halbieren, entstielen, entkernen, die weißen Scheide- wände entfernen, die Schote waschen
4 Tomaten	waschen, die Stengelansätze herausschneiden
100 g roher **Schinken**	
	die 4 Zutaten fein würfeln, zunächst Zwiebel-, Paprika- und Schinkenwürfel in dem Bratfett gut andünsten, dann die Tomatenwürfel hinzufügen, so lange mitdünsten lassen, bis keine Flüssigkeit mehr vorhanden ist
	die Masse mit
frisch gemahlenem **Pfeffer** **Salz** **gerebeltem** **Oregano** **gerebeltem** **Majoran** **gerebeltem** **Thymian** **Knoblauchsalz**	kräftig würzen das Fleisch in feine Würfel schneiden, zu dem Gemüse geben, nochmals abschmecken, kalt stellen den gegangenen Teig mit Mehl bestäuben, aus der Schüssel nehmen, gut durchkneten, zu einem Recht- eck (40x32 cm) ausrollen die Füllung gleichmäßig darauf verteilen den Teig von der längeren Seite her aufrollen, auf ein gefettetes Backblech legen nochmals so lange an einem warmen Ort gehen las- sen, bis er sich sichtbar vergrößert hat
1 Eigelb	mit
1 Eßl. Milch	verschlagen, die Rolle damit bestreichen, in den Backofen schieben

Strom:	220—225 (vorgeheizt)
Gas:	5 Minuten vorheizen 3—4, backen 3—4
Backzeit:	50—60 Minuten
	das Brot warm servieren.

Griechisches Fladenbrot

1 Beutel (500 g)
aus 1 Packung
Backmischung
Roggen-Mischbrot
1 Päckchen
Trocken-
Backhefe
300 ml + 2 Eßl.
lauwarmem
Wasser   nach Vorschrift auf der Packung zubereiten, gehen
lassen
den Teig mit
Weizenmehl   bestäuben, aus der Schüssel nehmen, gut durchkneten
dabei

100 g grob-
gehackte
Walnußkerne
125 grüne,
entsteinte
ungefüllte Oliven
50 g kernige
Hafer-Vollkorn-
Flocken
50 g
Röst-Zwiebeln
frisch gemahlenen
schwarzen
Pfeffer
Knoblauchsalz   unterkneten
den Teig auf einem gefetteten Backblech zu einem
gleichmäßigen Fladen (30 cm) drücken
die obere Seite des Teiges kreuzweise einritzen
den Teig nochmals so lange an einem warmen Ort
gehen lassen, bis er sich sichtbar vergrößert hat
den Teig mit Wasser bestreichen, mit Mehl
bestäuben,
in den Backofen schieben

Strom: Etwa 200 (vorgeheizt)
Gas: 5 Minuten vorheizen 3—4, backen 3—4
Backzeit: Etwa 40 Minuten.

Tip: Dazu zerlassene Butter mit Knoblauch servieren.

Buchteln mit Pilzfüllung
(12 Stück, Foto)

400 g Weizen fein mahlen, mit
1 Päckchen Trocken-
Backhefe
sorgfältig vermischen
1 Teel. Meersalz
2 Eier
60 g weiche Butter
150 g lauwarmer
Joghurt hinzufügen
alle Zutaten in der Küchenmaschine oder mit einem
elektrischen Handrührgerät mit Knethaken zuerst auf
der niedrigsten, dann auf der höchsten Stufe in etwa
5 Minuten zu einem glatten Teig verarbeiten
den Teig an einem warmen Ort so lange gehen lassen, bis er etwa doppelt so hoch ist

für die Füllung

1 Bund Frühlings-
zwiebeln putzen, waschen, längs vierteln, in Würfel schneiden
500 g Champignons putzen, waschen, in kleine Würfel schneiden
25 g Butterschmalz erhitzen, die Frühlingszwiebelwürfel darin andünsten,
die Champignonwürfel hinzufügen, durchdünsten las-
sen, mit
Salz, Pfeffer würzen, so lange im offenen Topf dünsten lassen, bis
die Flüssigkeit verdampft ist
die Füllung abkühlen lassen

1 Eßl. gemischte,
gehackte Kräuter unterrühren, nochmals mit Salz, Pfeffer
abschmecken

100 g Mozzarella-Käse
oder alten Gouda-Käse in 12 Stücke schneiden
den gegangenen Teig nochmals auf der Tischplatte
gut durchkneten, in 12 Stücke schneiden, jedes Teigstück rund ausrollen
jeweils 1 Eßl. von der Pilzfüllung daraufgeben
in die Mitte der Pilzfüllung je ein Käsestückchen setzen, den Teig über der Füllung zusammendrücken
2/3 von

50—60 g zerlassener
Butter in eine rechteckige, feuerfeste Form geben
die Teigstücke hineinsetzen, mit der restlichen Butter
bestreichen
abgedeckt an einem warmen Ort so lange gehen las-

▶

sen, bis sie etwa doppelt so hoch sind
die Form auf dem Rost in den vorgeheizten Backofen
schieben

Strom: 20—225
Gas: 3—4
Backzeit: Etwa 35 Minuten.

Tip: Die Buchteln als kleinen Imbiß zu Bier oder Wein oder
als leichtes Hauptgericht mit einer Tomatensoße und
Salat reichen.

Partywürste
(8 Stück)

1 Beutel
Roggenmischbrot
(500 g) nach der Vorschrift auf der Packung zubereiten
den Teig an einem warmen Ort so lange gehen lassen, bis er etwa doppelt so hoch ist
von
8 Stücken Fleischwurst
(je etwa 10 cm lang) die Haut abziehen
den gegangenen Teig auf der Tischplatte nochmals
gut durchkneten, halbieren
jede Teighälfte zu einem Quadrat von 32x32 cm ausrollen, jeweils in vier Quadrate schneiden
auf die Mitte der 8 Teigquadrate jeweils 2 Teel. von
16 Teel. Relish,
mexikanische Art geben, die Wurststücke darauf legen, die Teigränder
mit
Wasser bestreichen, über der Wurst zusammenschlagen,
etwas andrücken, mit der Nahtstelle nach unten auf
ein gefettetes Backblech legen
die Teigenden zu einem Zipfel zusammendrücken
abgedeckt an einem warmen Ort nochmals etwa
30 Minuten gehen lassen
die Teigoberfläche mit Wasser bestreichen, mit einer
Gabel mehrfach einstechen
das Backblech in den vorgeheizten Backofen
schieben

Strom: Etwa 200
Gas: Etwa 3—4
Backzeit: 25—30 Minuten.

Zwiebelrolle

Für die Füllung

1 ¼ kg Gemüsezwiebeln	abziehen, vierteln, in Scheiben schneiden
200 g Schinkenspeck	in Streifen schneiden
2 Eßl. Speiseöl	erhitzen, die Speckstreifen darin ausbraten, die Zwiebelscheiben hinzufügen, durchdünsten lassen, mit
Salz, Pfeffer	würzen, etwa 8 Minuten im offenen Topf dünsten, abkühlen lassen
1—2 Teel. Kümmel	
2 gehäufte Eßl. Semmelmehl	unterrühren, mit Salz, Pfeffer abschmecken

für den Teig

300 g Weizenmehl (Type 1050)	mit
100 g feinem Roggenschrot	
1 Päckchen Trocken-Backhefe	sorgfältig vermischen
1 Teel. Salz	
1 Teel. gemahlenen Kümmel	
3 Eßl. Speiseöl	
250 ml (¼ l) lauwarmes Wasser	hinzufügen

alle Zutaten in der Küchenmaschine oder mit einem elektrischen Handrührgerät mit Knethaken zuerst auf der niedrigsten, dann auf der höchsten Stufe in etwa 5 Minuten zu einem glatten Teig verarbeiten

den Teig an einem warmen Ort so lange gehen lassen, bis er etwa doppelt so hoch ist, ihn dann auf der Tischplatte nochmals gut durchkneten, zu einem Rechteck von etwa 35x50 cm ausrollen, die Zwiebelmasse darauf verteilen, dabei einen etwa 2 cm breiten Teigrand frei lassen, die Teigplatte aufrollen, mit der Nahtstelle nach unten auf ein gefettetes Backblech legen, abgedeckt an einem warmen Ort nochmals 20—30 Minuten gehen lassen

die Teigrolle mit etwas von

25 g zerlassener Butter	bestreichen, das Backblech in den vorgeheizten Backofen schieben, die Teigoberfläche während des Backens zweimal mit der restlichen Butter bestreichen

Strom:	200—225, Gas: etwa 4
Backzeit:	Etwa 45 Minuten.

141

Geschichtetes Zwiebelbrot (Foto)

150 g Roggen	mit
100 g Hafer	
250 g Weizen	
1 Teel. Kümmel	
1 Teel. Koriander	fein mahlen, mit
1 Päckchen Trocken-Backhefe	
1 Päckchen Sauerteig-Extrakt	sorgfältig vermischen
1 Teel. Salz	
75 g weiches Schmalz	
375 ml (³⁄₈ l) lauwarmes Wasser	hinzufügen

alle Zutaten in der Küchenmaschine oder mit einem elektrischen Handrührgerät mit Knethaken zuerst auf der niedrigsten, dann auf der höchsten Stufe in etwa 5 Minuten zu einem glatten Teig verarbeiten
den Teig an einem warmen Ort so lange gehen lassen, bis er etwa doppelt so hoch ist

300 g Zwiebeln abziehen, in Scheiben schneiden
30 g Schmalz zerlassen, die Zwiebelscheiben darin hellgelb dünsten, erkalten lassen, mit

1 Teel. Kümmel
1 Teel. gerebelten Oregano würzen

den gegangenen Teig auf der Tischplatte nochmals gut durchkneten, in 20 Stücke schneiden, jedes Teigstück zu einem dünnen Fladen ausrollen
eine Dekoramik-Auflaufform ausfetten, mit 4 Teigfladen auslegen
¹⁄₄ der Zwiebelmasse darauf verteilen, den Vorgang wiederholen, bis alle Zutaten eingeschichtet sind, die oberste Schicht sollte aus einem Fladen bestehen, die Fladen gut andrücken
abgedeckt an einem warmen Ort nochmals etwa 30 Minuten gehen lassen, mit

Wasser bestreichen, mit
Kümmel bestreuen, die Form auf dem Rost in den vorgeheizten Backofen schieben

Strom: Etwa 200, Gas: 3—4
Backzeit: Etwa 1 Stunde
Das gebackene Brot aus der Form stürzen und nochmals etwa 5 Minuten in den Backofen stellen.

Kräuter-Käse-Brot (Foto)

Für den Teig

250 g Weizenmehl (Type 1050) 250 g Weizenmehl (Type 550) 1 Päckchen Trocken-Backhefe	in eine Rührschüssel geben, mit sorgfältig vermischen
1 Teel. Zucker 1 Teel. Salz, Pfeffer 250 ml (¼ l) lauwarmes Wasser	hinzufügen die Zutaten mit einem Handrührgerät mit Knethaken zunächst auf niedrigster, dann auf höchster Stufe in etwa 5 Minuten zu einem glatten Teig verarbeiten, an einem warmen Ort so lange gehen lassen, bis er etwa doppelt so hoch ist

für die Füllung

2—3 Zwiebeln	abziehen, in Würfel schneiden
1 Eßl. Margarine	zerlassen, die Zwiebelwürfel darin andünsten
1 Ei 100 g geriebenen Gouda-Käse 5—6 Eßl. gemischte gehackte Kräuter	unterrühren den gegangenen Teig mit Mehl bestäuben, aus der Schüssel nehmen, gut durchkneten, auf der mit Mehl bestäubten Tischplatte zu einem Rechteck (30x40 cm) ausrollen, mit
1 Eßl. weicher Margarine	bestreichen, die Füllung gleichmäßig darauf verteilen die längeren Seiten des Teiges etwas einschlagen den Teig von den kürzeren Seiten her zur Mitte aufrollen den Teig in eine gefettete Kastenform (30x11 cm) geben den Teig auf der oberen Seite auf beiden Rollen zickzackförmig etwa 1 cm tief einschneiden (nicht drücken) nochmals so lange an einem warmen Ort gehen lassen, bis er sich sichtbar vergrößert hat
1 Eigelb	mit

144

▶

1 Eßl. Wasser	verschlagen, den Teig damit bestreichen, in den Backofen schieben
Strom:	175—200 (vorgeheizt)
Gas:	3—4 (nicht vorgeheizt)
Backzeit:	40—50 Minuten.

Brot mit pikanter Füllung

375 g Weizenmehl (Type 550)	
125 g Weizenmehl (Type 1050)	in eine Rührschüssel geben, mit
1 Päckchen Trocken-Backhefe	sorgfältig vermischen
1 Teel. Zucker	
1 Teel. Salz	
3 Eßl. Speiseöl	
300 ml lauwarmes Wasser	hinzufügen
	die Zutaten mit einem Handrührgerät mit Knethaken zunächst auf niedrigster, dann auf höchster Stufe in etwa 5 Minuten zu einem glatten Teig verarbieten
	an einem warmen Ort so lange gehen lassen, bis er etwa doppelt so groß ist
	für die Füllung
1 Brötchen (Semmel)	in kaltem Wasser einweichen
1 Zwiebel	abziehen, würfeln
500 g Hackfleisch (halb Rind-, halb Schweine-fleisch)	mit
1 Ei	
170 g Champignon-scheiben (aus der Dose)	
1 Bund gehackter Petersilie	und dem gut ausgedrückten Brötchen vermengen
	die Masse mit
Salz, Pfeffer Paprika edelsüß Knoblauchsalz etwa 1 Teel. Senf etwa 1 Teel. Tomaten-mark (aus der Tube)	abschmecken, zu einem ovalen Laib formen
20 g Margarine	erhitzen, das Fleisch von allen Seiten darin anbraten,

damit sich die Fleischpore schließt
den gegangenen Teig mit

Weizenmehl bestäuben, aus der Schüssel nehmen, kurz durchkneten
den Teig (nach Belieben etwas zum Garnieren zurücklassen) auf der mit Mehl bestäubten Tischplatte ent-
sprechend groß ausrollen, das Fleisch darauf legen,
in dem Teig einschlagen
das Teigpaket auf ein gefettetes Backblech legen,
mit dem zurückgelassenen Teig garnieren
die obere Rundung des Teiges in Abständen von etwa
3 cm von oben nach unten etwa 1 cm lang einritzen
den Teig nochmals so lange an einem warmen Ort
gehen lassen, bis er sich sichtbar vergrößert hat
mit Wasser bestreichen, mit Mehl bestäuben
in den vorgeheizten Backofen schieben

Strom: 175—200, Gas: 3—4
Backzeit: 50—60 Minuten.

Versunkenes Broccolibrot

1 kg Broccoli waschen, die Knospen von den Stielen trennen, die
Stiele putzen und mit dem Pürierstab oder im
Kompakt-Mixer fein zermusen, in einem Sieb abtropfen lassen
50 g Butter mit
4 Eigelben
1 Teel. Salz
Pfeffer
Muskat
100 ml (¹⁄₁₀ l) süße
Sahne unterrühren
200 g Maismehl mit
50 g Weizenmehl
2 Teel. Backpulver sieben,unter den Teig mischen
4 Eiweiß steif schlagen, unterziehen
eine große Kastenform mit
1 Eßl. Butter einfetten, mit
2 Eßl. Sesamsamen ausstreuen, die Hälfte Teig einfüllen, die Broccoli-
knospen mit dem Stielansatz nach unten darauf ver-
teilen, mit dem übrigen Teig bedecken, den Kuchen
auf dem Rost in die mittlere Schiene des vorgeheizten Backofens schieben
Strom: Etwa 200, Gas: etwa 4
Backzeit: Etwa 60 Minuten.

Bauernbrot „Calzone"

(Foto)

	Für den Teig
360 g Brotmischung	mit
1 Päckchen Trocken-Backhefe	
250 ml (¼ l) Wasser	nach der Vorschrift auf der Packung verarbeiten, 15 Minuten an einem warmen Ort gehen lassen den Teig halbieren, auf bemehlter Arbeitsfläche zu zwei runden Platten von etwa 22 cm Durchmesser ausrollen eine Platte auf ein mit Back-Trennpapier ausgelegtes Blech legen
4 Eier	7 Minuten kochen, abschrecken, pellen
200 g alten Gouda Käse	von der Rinde befreien, in dünne Scheiben hobeln
6 Mini-Salamis (150 g)	in 1 cm lange Stückchen schneiden die Teigplatte mit der halben Käsemenge bedecken, einen Rand von etwa 3 cm freilassen die Eier in der Mitte sternförmig anordnen, dazwischen und rundherum die Salamistücke verteilen, mit Käse bedecken mit
2 Eßl. zerdrücktem Käsegebäck	bestreuen die zweite Teigplatte darauf legen, rundherum andrücken, den freien Rand der unteren Platte wie eine Krempe über die Nahtstellen ziehen
mit Wasser	bestreichen den Teig mit einem Tuch bedecken, nochmals 30 Minuten an einem warmen Ort gehen lassen, mit Wasser bestreichen und mit
Weizenmehl	bestäuben, in den vorgeheizten Backofen schieben

Strom:	200—220
Gas:	3—4
Backzeit:	Etwa 45 Minuten

nach Belieben heiß oder kalt verzehren.

Tip: Das Bauernbrot „Calzone" schmeckt je nach Belieben heiß oder kalt und kann beispielsweise zum Picknick mitgenommen werden.

Während des Backens eine Schale mit heißem Wasser auf den Boden des Backofens stellen.

Überraschungs-Brioches
(8 Stück, Foto)

Für den Teig

20 g frische Hefe	in
4 Eßl. lauwarmem Wasser	auflösen, mit
1 Teel. Zucker	verrühren, 15 Minuten an einem warmen Ort gehen lassen, diesen Vorteig mit
305 g gesiebtem Weizenmehl	
½ Teel. Salz	
2 verquirlten Eiern	verrühren
150 g kalte Butter	in Stückchen mit den Knethaken des elektrischen Handrührgerätes unterkneten, bis der Teig elastisch und glänzend von dem Haken reißt, den Teig mit
1 Eßl. Weizenmehl	bestäuben, mit einem Tuch abdecken, über Nacht kühl ruhen lassen, bis sich sein Volumen verdoppelt hat
	8 Briochesförmchen mit
weicher Butter	dick einpinseln
	den Teig nochmals schnell durchkneten, in 16 gleiche Teile trennen, Kugeln formen, in jedes Briochesförmchen eine Kugel geben, an den Rändern hochdrücken, so daß in der Mitte eine Mulde entsteht
80 g Thüringer Mett	halbieren, jeweils in zwei Brioches füllen,
80 g Gänseleberpastete	halbieren, jeweils in zwei Brioches füllen
80 g Kräuter-Doppelrahm-Frischkäse	halbieren, jeweils in zwei Brioches füllen
80 g geriebener Edamer	halbieren, jeweils in zwei Brioches füllen mit den 8 zurückbehaltenen Kugeln bedecken, die Ränder andrücken, die Brioches mit
1 geschlagenen Eigelb	bestreichen, auf dem Rost in den Backofen schieben, 1—2 Stunden gehen lassen, erst dann den Backofen anheizen

Strom:	200—225
Gas:	3—4
Backzeit:	30—35 Minuten.

Anmerkung:	Die lockeren, zarten Brioches können auch als Frühstücks- oder Kaffeegebäck gereicht werden (s. S. 96).

Käse-Schinkenhörnchen

(Foto)

Für den Teig

125 g Speisequark	mit
4 Eßl. Milch	
1 Ei	
4 Eßl. Speiseöl	
1 gestrichenen Teel. Salz	verrühren
300 g Weizenmehl	mit
1 Päckchen Backpulver	mischen, sieben, die Hälfte davon unter den Quark rühren, den Rest des Mehls unterkneten den Teig ausrollen, 10 Quadrate von etwa 12 x 12 cm schneiden, in Dreiecke schneiden

für die Füllung

10 Scheiben gekochten Schinken	
10 Scheiben Gouda-Käse	in Größe der Dreiecke schneiden jedes Teigdreieck mit je 1 Käse- und Schinkenscheibe belegen die Teigecken zu Hörnchen aufrollen, auf ein gefettetes Backblech legen, mit
Dosenmilch	bestreichen, in den vorgeheizten Backofen schieben

Strom:	175—200
Gas:	3—4
Backzeit:	Etwa 20 Minuten.

Seite

Ofenfrische Frühstücksbrötchen, knusprig und zart 60/61

Süßes aus der Brot-Backstube 102/103

Seite

Gefülltes: Innen saftig — außen kroß 132/133

K

L

M/N

O

A

B

C/D

F

G

H

K

L

M/N

O

P/Q

R

S

U/V

W

Z